Harald
Schwarzlose

Der Weg
zum
Jüngsten-
segel-
schein

Opti segeln

Verlag Delius Klasing + Co Bielefeld

2. Auflage

Illustrationen: Kurt Schmischke
ISBN 3-7688-0268-X
Copyright by Delius, Klasing & Co, Bielefeld
Printed in Germany 1980
Gestaltung: Siegfried Berning
Einbandfoto: Kurt Schubert
Druck: Offset-Team Zumbrink, Bad Salzuflen

Aus dem Inhalt

Unser Optimist

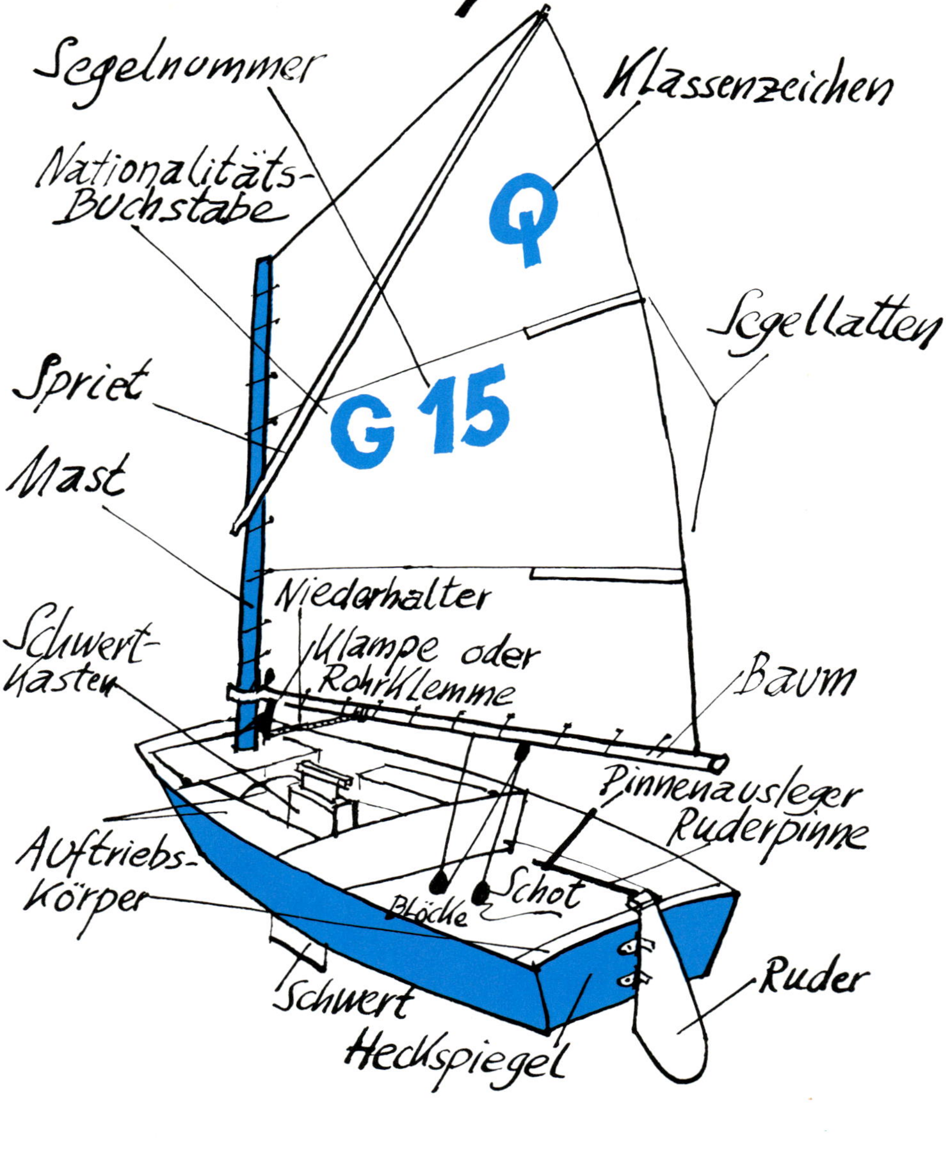

Segelnummer

Klassenzeichen

Nationalitäts-Buchstabe

Q

Segellatten

Spriet

G 15

Mast

Niederhalter

Schwert-kasten

Klampe oder Rohrklemme

Baum

Auftriebs-körper

Blöcke

Schot

Pinnenausleger
Ruderpinne

Schwert

Ruder

Heckspiegel

Ein Wort an die Eltern und Ausbilder

„Optisegeln — der Weg zum Jüngstensegelschein" ist für Kinder zwischen 7 und 14 Jahren erdacht und geschrieben. Dennoch wird es für die Kleineren unter ihnen trotz der kindgerechten Didaktik nicht immer leicht sein, die Vorgänge ohne Anleitung zu erfassen. Es kommt also auf die Hilfe der Erwachsenen an — sie ist beim Segelnlernen für Theorie und Praxis von entscheidender Bedeutung.

Das vorliegende Lehrpensum hat sich in der Praxis bewährt, vor allem, wenn vor den Segelstunden die betreffenden Kapitel gemeinsam durchgelesen wurden und der praktische Anschauungsunterricht folgte. Leider weht der Wind nur selten aus der Idealrichtung, die für den jeweiligen Lehrschritt eines Übungstages zugrunde gelegt wurde. Für den erfahrenen Ausbilder ist es jedoch nicht schwierig, die Kurse entsprechend der tatsächlichen Windrichtung zu variieren. Das Lehrprogramm, das hier auf zehn Übungstage projektiert wurde, läßt sich beliebig ausweiten. In Vereinen wird ein Optimisten-Kursus in der Regel ein- bis zweimal wöchentlich eine ganze Saison laufen und mit der praktischen sowie theoretischen Führerscheinprüfung enden. Konzentrierte Kurse an Segelschulen können entsprechend schneller durchgeführt werden.

Der Jüngstensegelschein des Deutschen Segler-Verbandes, der mit einem Mindestalter von sieben Jahren erworben werden kann und mit dem vollendeten vierzehnten Lebensjahr automatisch erlischt, ist nicht obligatorisch für die Teilnahme an Optimisten-Regatten und wird auch nicht vom Gesetzgeber gefordert. Lediglich bei der Beteiligung an einer Deutschen Meisterschaft in einer vom DSV anerkannten Meisterschaftsklasse, zu der unter anderem auch der Optimist zählt, wird der A-Schein des Deutschen Segler-Verbandes verlangt, der ab einem Alter von vierzehn Jahren nach spezieller theoretischer und praktischer Schulung erworben werden kann.

Das vorliegende Lehrprogramm erfüllt die Anforderungen des Jüngstensegelscheins. Da nur Grundkenntnisse in theoretischer Regattakunde notwendig sind, wurde dieses Kapitel besonders gestrafft, um die Kinder nicht zu überfordern. Für Fortgeschrittene gibt es hier spezielle, weiterführende Bücher.

Die Jüngsten-Segelausbildung stellt für Eltern und Ausbilder stets ein gewisses Risiko dar. Deshalb ist es unumgänglich, daß Kinder während des gesamten Schulungsprogramms an Land, auf dem Bootssteg und in den Jollen paßgerechte und ohnmachtssichere Schwimmwesten tragen sowie ein Freischwimmer-Zeugnis vorweisen können. Der Ausbilder sollte sich stets persönlich davon überzeugen, daß die Westen fachgerecht angelegt worden sind. Ebenso müssen Optimistenjollen, die nicht über die geforderten Auftriebskörper von insgesamt 90 Liter Inhalt verfügen, von der Schulung ausgeschlossen werden. Es ist ratsam, daß ein motorisiertes oder zumindest leicht zu ruderndes Dingi während der Übungsstunden zur Verfügung steht, um bei eventuellen Kenterungen schnelle Hilfe leisten zu können. Schließlich wird jeder erfahrene Ausbilder ein Revier wählen, das frei von Berufsverkehr und gefährlichen Strömungen ist. Geschützte Buchten oder Seen eignen sich am besten. Bei Windböen über vier Beaufort sollte jeglicher Schulbetrieb im Wasser eingestellt werden.

Und nun „Mast- und Schotbruch" und viel Spaß.

Harald Schwarzlose

Wo vorn und hinten ist

Da liegt sie nun, die komische Kiste. Sieht eigentlich nicht wie ein Boot aus. Vorne platt und hinten platt. Man weiß gar nicht, in welche Richtung es fahren soll. Aber vorn ist ein Brett mit einem Loch darin. Und da ist der Opti auch etwas schmaler. Ratet mal, wo vorn ist? Na klar, da, wo das Loch ist, und wo wir nachher den Mast hineinstecken. Die Spitze des Bootes nennt man **Bug.**

Und hinten, wo der Opti breiter ist, ist das **Heck.** Seht mal genau hin: Da sind zwei Zapfen angeschraubt. Könnt ihr euch denken, wofür sie sind? Richtig, da wird das Steuer eingehakt. Aber ihr sagt besser nicht Steuer, denn daran erkennt man gleich, daß ihr noch keine richtigen Segler seid. Unter Seeleuten heißt das Steuer nämlich **Ruder.**

In der Mitte hat euer Opti einen Kasten mit einem Schlitz darin. Das ist der **Schwertkasten.** Zum Boot gehört auch ein langes Brett mit einem Griff daran. Das ist das **Schwert.** Wißt ihr, wohin es gehört? Natürlich, in den Schwertkasten. Jetzt kann man es nur ein Stück hineinstecken, weil der Opti noch nicht im Wasser liegt.

Wozu man das Schwert überhaupt braucht? Ganz einfach: Ohne Schwert würde euer kleiner, flacher Optimist vom Wind zur Seite geblasen werden und mit seinem Segel nicht vorankommen. Es gibt Leute, die nennen das Schwert aus Spaß „Querabtreibverhinderungsbrett".

9

Aller Anfang ist nicht schwer

Der Opti schwimmt

Und nun geht's endlich richtig los. Auf dem Trocknen können wir den Opti schließlich nicht ausprobieren. Also hinein mit ihm ins Wasser. Das Wetter für die erste Paddelfahrt ist herrlich: Kein Wind und keine Wellen. Auf dem Wasser fahren keine großen Schiffe, vor denen wir uns in acht nehmen müssen, und es gibt keine Strömung.

Aber erst zieht ihr euch noch eure Schwimmweste an. Denn auf dem Steg und im Boot ist das Tragen der Schwimmweste immer Ehrensache.

Halt, stop! Hat euer Opti am Bug auch eine Leine, damit ihr ihn festhalten und anbinden könnt, wenn er schwimmt? Alles klar? Na, dann wollen wir mal tüchtig zupacken: Zwei tragen an den Seiten, einer am Bug, und einer hält die Leine. Mit dem Heck voran schieben wir das Boot ins Wasser.

Prima, es schwimmt! Jetzt steigt einer von euch **an Bord** und steckt das Schwert in den Schwertkasten. Nun kommt das Ruder dran. Wenn man sich hinkniet, ist der Opti nicht so kippelig, und das Ruder mit dem Griff daran, der **Pinne,** läßt sich leicht einhängen. Wer von euch hinten kniet, ist nun gleich **Steuermann.** Vorn steigt auch noch jemand ein. Halt — das Paddel nicht vergessen. Wie bitte — das ist so kippelig? Na, dann schaukelt mal tüchtig! Ihr werdet schon sehen, wie schwer es ist, Wasserspritzer über die Bordwand zu bekommen. Versucht's doch mal!

1.Tag

Wir paddeln los

So kippelig ist der Opti also gar nicht. Dann können wir ja beruhigt losfahren. Der „Paddelmann" (oder die „Paddelfrau") sticht das Paddel, so weit es geht, nach vorn ins Wasser und zieht es dann kräftig nach hinten. Schon fährt der Opti davon. Aber wo steuert der Kapitän denn hin? Der macht ja einen Kringel!

He, aufgepaßt: Wenn du die Pinne zu dir hinziehst, fährt der Bug des Bootes von dir weg. Wenn du die Pinne von dir wegdrückst, dreht der Bug zu der Seite, an der du sitzt. Es ist ganz einfach: Das Boot fährt nie in die Richtung, wohin die Pinne zeigt, sondern immer in die andere, entgegengesetzte Richtung.

Der „Paddelmann" kommt ganz schön ins Schwitzen. Na klar, er kann sich auch mal ausruhen. Es ist ja windstill, und da treibt der Opti nicht gleich ab. Aber der Steuermann hat selbst einen kleinen Motor in der Hand. Wenn er nämlich die Pinne ganz schnell hin- und herbewegt, treibt das **Ruderblatt** den Opti langsam voran. Das nennt man unter Jollenseglern **wriggen.** Probier es mal. Du wirst sehen, wenn du weiter nach vorn rutscht bis nahe an das Querbrett heran, kannst du mit der Finne hinter dir prima wriggen.

11

Aller Anfang
ist nicht schwer

Eine Boje
wird ausgelegt

Natürlich will der „Paddelmann" nicht immer schuften. Darum kommt jetzt der Steuermann nach vorn, und der „Paddelmann" kniet sich vor die Pinne. Das Umwechseln macht ihr aber besser am Steg, wo jemand die Leine hält.

Leichter ist es, wenn man ein Ziel hat, zu dem man hinpaddeln und hinsteuern kann. Darum besorgen wir uns zwei **Bojen.** Vielleicht liegen welche in der Nähe des Steges herum? Sonst nehmen wir einfach zwei leere, möglichst große Plastikkanister und binden an jeden mit einer langen Leine einen Mauerstein als **Anker** fest.

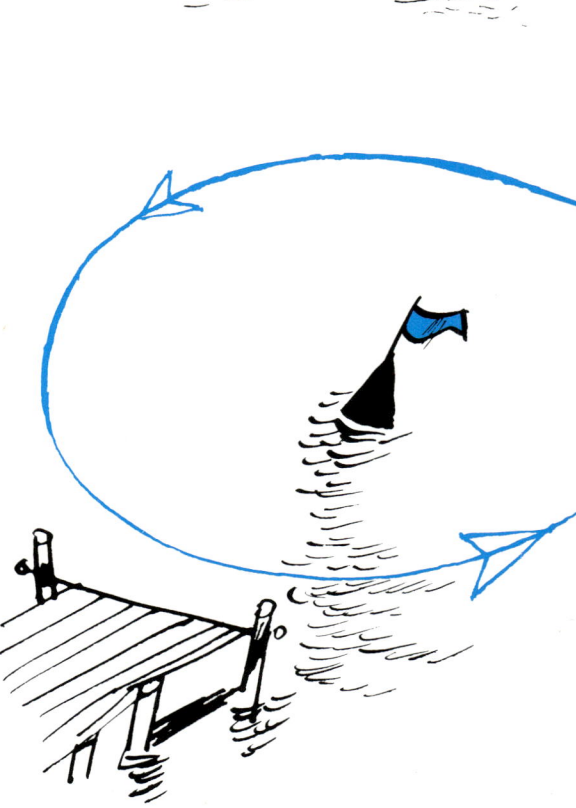

1.Tag

Knoten üben ist wichtig

Das Paddeln hat schon richtigen Spaß gebracht, und ihr habt gemerkt, wie sicher der Opti im Wasser schwimmt, und wie leicht man mit ihm steuern und umkehren kann. Nach dem Spaß kommt leider noch ein wenig Arbeit: Der Opti muß wieder aufs Trockene. Dazu nehmen wir erst das Ruder und dann das Schwert heraus, damit nichts beschädigt wird. Nun zieht ihr zu zweit kräftig an der **Festmacherleine,** bis der Bug auf dem Steg liegt. Jetzt müssen die zwei kräftigsten von euch seitlich an der Bordwand anfassen und das Boot ganz auf den Steg ziehen.

Ihr paddelt ein Stück vom Steg weg und werft die erste Boje über Bord. Nach einigen Metern folgt die zweite. Der Steuermann steuert jetzt in einer Acht um die beiden Bojen, erst links, dann rechts herum. Dann tauscht ihr wieder die Plätze und fahrt die beiden Achten noch mal. Ganz zum Schluß versucht ihr noch, mit dem Opti rückwärts zu paddeln. Das ist nicht so einfach, aber bald merkt ihr, daß sich das Boot auch rückwärts steuern läßt.

13

Aller Anfang
ist nicht schwer

In der nächsten Übungsstunde wollen wir den Opti schon **auftakeln** und richtig segeln. Dazu müßt ihr einige Knoten kennen. Fangen wir gleich mit dem schwersten an, der aber auch der wichtigste ist, weil man ihn bei allen möglichen Gelegenheiten und vor allem zum **Festmachen** des Bootes braucht. Es ist der **Palstek.**

So wird's gemacht:

Legt die Leine links von euch hin und macht ziemlich am Ende eine Öse.

Das kurze Ende der Leine wird nun mit einem großen Bogen von unten durch die Öse gesteckt.

Jetzt legt ihr das kurze Ende unten um das lange Ende herum

und steckt es von oben wieder durch die Öse.

Festziehen und fertig. Das ist jetzt eine prima Schlaufe, die man um einen Pfahl oder eine **Klampe** legen kann. Wenn ein Ring am Steg ist, an dem der Opti festgebunden werden soll, macht ihr den Palstek genauso, nur daß das kurze Ende nach dem Schlagen der Öse zuerst durch den Ring gesteckt wird.

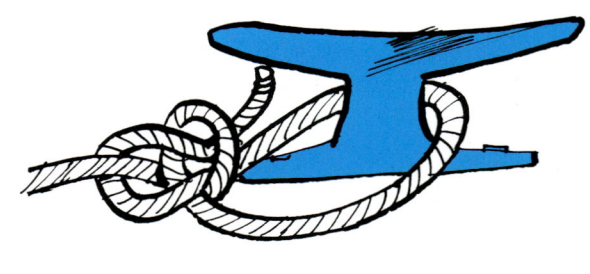

14

Puh, das war schwer. Aber wenn man den Palstek oft genug übt, kann man ihn sogar hinter dem Rücken knoten. Trainiert tüchtig zu Hause!

Am einfachsten ist der **Achtknoten.** Und den lernen wir zum Abschluß auch noch. Er ist wichtig, denn er wird am Ende der Schot angeknotet, damit sie nicht aus dem Block herausrutschen kann. Beide Begriffe lernen wir in der nächsten Segelstunde.

Legt euch eine Öse

und über das lange Ende hinweg noch eine Öse

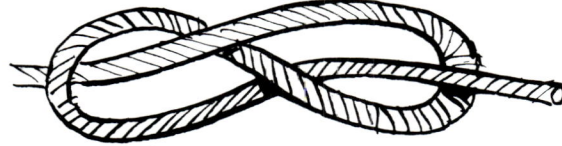

und steckt das kurze Ende von unten wieder durch die erste Öse hindurch.

Festziehen und fertig!

**Diese Fachworte
haben wir
heute gelernt:**

**Heck
Ruder
Schwertkasten
Schwert
an Bord
Pinne
Steuermann
Ruderblatt
wriggen
Boje
Anker
Festmacherleine
auftakeln
festmachen
Palstek
Klampe
Achtknoten**

Mast und Segel
werden gesetzt

Ein Segelboot ohne Mast und Segel ist gar
kein richtiges Segelboot. Darum wollen wir heute
den Optimisten **auftakeln.** Das geht am besten,
wenn der Opti noch an Land steht.

Holt mal Mast und Segel her und legt beides
auf den Rasen. Da kann man am besten sehen,
wie alles zusammenpaßt. Eigentlich habt ihr Opti-
segler es schon recht bequem. Ihr braucht das Segel nicht erst am Mast hochzuziehen, wie bei den
großen Segelbooten, denneuer Segel bleibt immer
mit einer Leine am Mast festgebunden. Die Leine
nennt man **Reihleine.** Und unten ist das Segel auch
an einer Stange festgebunden. Das ist der **Baum.**

Jetzt stellt einmal den Mast aufrecht hin. Was
passiert? Ein großer Zipfel des Segels hängt her-
unter. Der muß also auch noch irgendwie gehalten
werden. Dafür ist eine lose Stange da, und die
nennt man das **Spriet.** Der Opti hat also eine
Spriettakelung.

Hallo, wer hält mal den Mast? Dann kannst du ganz leicht das Spriet nehmen, es in die Schlaufe am Zipfel des Segels stecken und es hochstellen.

Am anderen Ende ist am Spriet eine kurze Leine festgeknotet. Die fädelst du jetzt durch die Rolle am Mast und ziehst kräftig daran, bis das Segel eine kleine Falte zur Spitze hin zieht. Die bläst der Wind später wieder glatt.

Und nun wird die Leine an der **Klampe** darunter festgebunden. Wie man das macht? Ganz einfach: Sieh dir die Zeichnungen an. Zum Schluß kommt noch ein **halber Schlag** darauf, damit die Leine nicht wieder losgeht. Wer schon einen Palstek und einen Achtknoten kann (könnt ihr sie wirklich noch?), für den ist ein halber Schlag ja eierleicht.

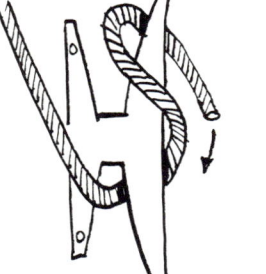

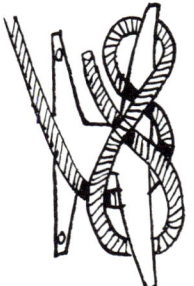

Auftakeln
und einfach lossegeln

Was sind Schot, Block und Klemme?

Machmal sitzt statt der Klampe ein kleines eingekerbtes Röhrchen am Mast. Das ist eine **Schlitzklemme.** Da wird die Leine einfach durchgefädelt, und der Schlitz hält sie dann wie eine Zange fest.

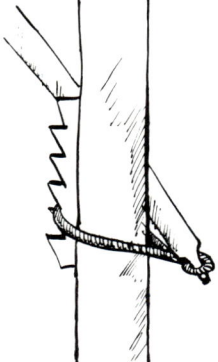

Oder eine Leiste mit vielen Zacken ist am Mast festgeschraubt. Dann knotest du die Spriet-Leine einfach um den Mast über einem der Zacken fest. Liegt die Schlaufe der Leine auf dem obersten Zacken, ist das Segel ganz stramm.

So, nun können wir gleich den Mast vorn im Opti in das Loch stecken. Aber halt! Wir haben noch etwas vergessen: die **Segellatten.** Sie werden hinten im Segel in kleine Schlitze gesteckt, damit es später beim Segeln nicht immer so klappert.

Jetzt schlägt das Segel mit dem Baum immer hin und her. Womit wird das Segel wohl festgehalten? Natürlich, auch mit einer Leine. Die nennt man **Schot.** Und damit es nicht zu schwer ist, das Segel mit der Schot immer festzuhalten, wird sie durch Rollen, die man **Blöcke** nennt, gefädelt — so, wie ihr es auch auf dieser Zeichnung seht. Am Ende kommt der Achtknoten drauf, den ihr beim ersten Opti-Tag schon gelernt habt.

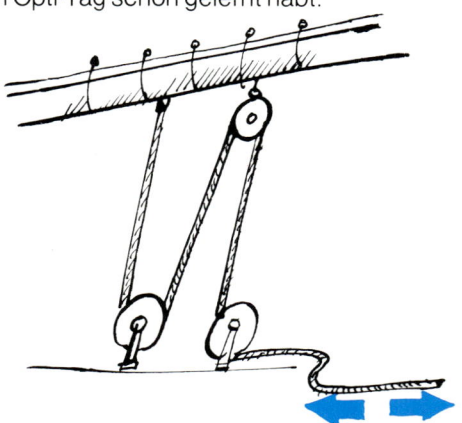

Prima, der Opti ist jetzt aufgetakelt. Was, ihr wollt schon lossegeln? Wißt ihr denn, woher der Wind bläst? Das muß ein richtiger Segler nämlich immer zuerst wissen. Bestimmt sieht irgend jemand von euch, woher der Wind bläst: da weht eine Fahne oder der Rauch eines Schornsteins in eine Richtung, oder ihr spürt den Windzug auf der Haut.

So, nun dreht mal zu zweit den Opti auf dem Rasen solange, bis das Segel im Wind flattert und der Baum genau in der Mitte des Optis ist. Seht ihr, jetzt kommt der Wind genau von vorn. Aus dieser Richtung weht er also!

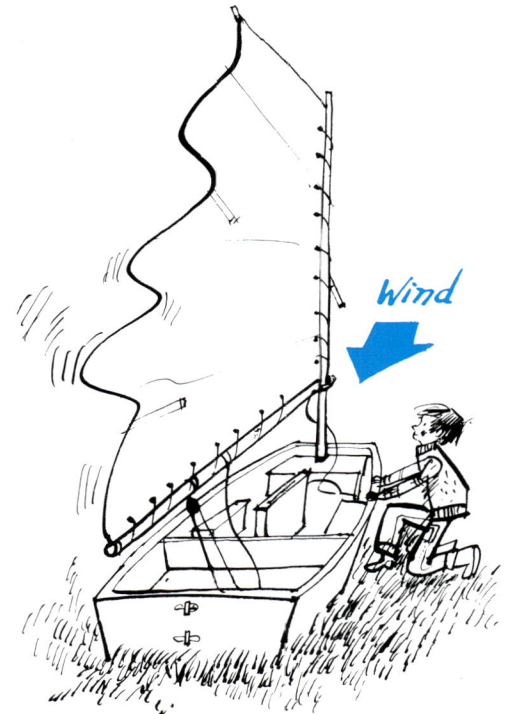

Und nun dreht ihr den Opti soweit herum, bis der Baum genau zur Seite zeigt. Zieht mal an der Schot. Na, was ist zu spüren? Ja, der Wind füllt das Segel, man merkt seine Kraft, denn man muß die Schot gut festhalten.

Auftakeln und einfach lossegeln

Einsteigen bitte, aber auf der richtigen Seite

Jetzt wißt ihr auch schon, in welche Richtung heute eure erste Segelfahrt geht. Habt ihr eure Schwimmweste schon an? Prima! Sind **Ösfaß** und Paddel schon im Boot? Nein? Dann hinein damit. Es kann schon mal sein, daß etwas Wasser ins Boot spritzt, und dann kann man es mit dem Ösfaß leicht wieder ausschöpfen.

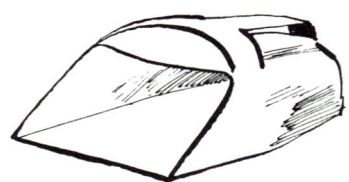

Beides wird mit einer etwa zwei Meter langen dünnen Leine und dem Palstek am Boot festgebunden.

So, nun geht's wirklich los. Wie man den Opti am besten ins Wasser schiebt, habt ihr ja schon beim vorigen Opti-Tag gelernt. Puh — das ist geschafft! Der Opti schwimmt.

Doch, was ist das? Der Opti bumst fürchterlich gegen den Steg, und Baum und Segel sind beim Einsteigen immer im Weg. Versuchen wir's doch mal auf der anderen Stegseite. Na, wer sagt's denn! Jetzt drückt der Wind Opti, Baum und Segel vom Steg weg, und das Einstecken von Ruder und Schwert ist ganz leicht.

Wind

Wind

2.Tag

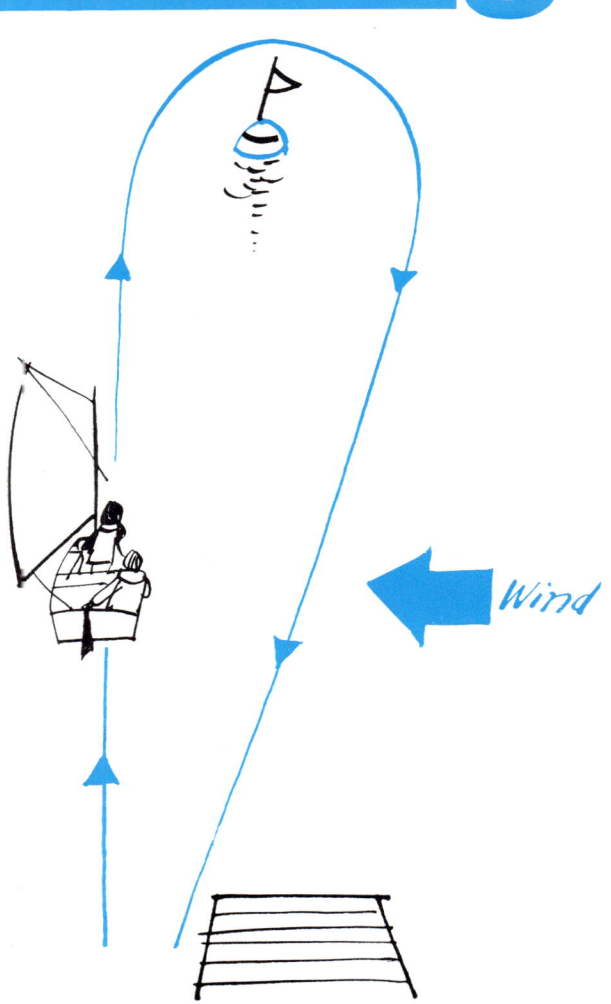

Eigentlich segelt man im Opti immer allein. Aber zum Anfang steigt ruhig zu zweit ins Boot — so, wie wir es beim Paddeln gelernt haben. Da ist man nicht so allein. Euer Opti kann schließlich auch zwei Jungs oder Mädchen tragen.

Habt ihr von vorhin, als der Opti auf dem Trockenen lag, noch die Richtung im Kopf, in die wir segeln wollten? Richtig — geradeaus vom Steg und Land weg zum Wasser hin. Damit ihr nicht zu weit segelt, paddelt erst einmal jemand von euch mit der selbstgebastelten Boje los und wirft sie draußen, ein gutes Stück vom Steg entfernt, über Bord. Und nun: Festmacher los. Wie wär's, wenn der Steuermann etwas an der Schot zieht? Das Segel füllt sich mit Wind, und schon segelt der Opti davon. So einfach ist das!

Die Boje ist bald erreicht. Wenn sie an eurer rechten Seite ist, segelt ihr einfach um die Boje herum und kommt zurück. Es geht also immer rechts herum. Die Schot braucht dabei gar nicht angezogen oder losgelassen zu werden. Ein richtiger Segler sagt übrigens nicht „ziehen" oder „loslassen", sondern er sagt dazu **dichtholen** oder **fieren.**

Dufte ist das, und Spaß bringt's auch — besonders, wenn ihr mit euren Freunden und Freundinnen zusammen lossegelt. Dann gibt es an der Boje ein richtiges Gedrängel. He, he, zurückschieben und festhalten gilt aber nicht!

Auftakeln
und einfach lossegeln

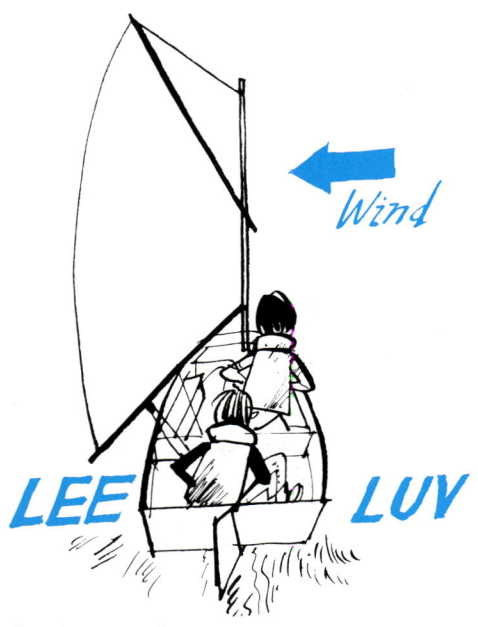

Warum wechseln Baum und Segel von der einen zur anderen Seite? Weil der Wind von verschiedenen Seiten ins Segel bläst. Die Seite des Optis, auf die der Wind bläst, nennt der Segler immer **Luv.** Die andere Seite des Optis, auf der gerade Segel und Baum sind, nennt der Segler **Lee.**

Habt ihr gut aufgepaßt? Hin zur Boje blies der Wind also von rechts, und da war rechts Luv. Zurück zum Steg wehte der Wind von links, und da war links Luv. Die andere Seite war immer? Natürlich, Lee!

Wenn du oben um die Boje segeln willst, mußt du die Pinne ganz von dir wegdrücken, weil du ja in deinem Opti in Luv sitzt. Und plötzlich flattert das Segel im Wind, weil er genau von vorn kommt. Du duckst den Kopf, und der Baum wechselt von der

Am besten, ihr segelt auf Kommando alle gleichzeitig vom Steg los. Das ist dann eine richtige kleine Regatta. Dazu muß die Tonne aber noch ein Stück weiter vom Steg weg ins Wasser geworfen werden. Und derjenige, der vorn sitzt, darf jetzt auch mal an die Pinne.

Habt ihr beim Hin- und Hersegeln etwas bemerkt? Natürlich, Segel und Baum sind mal auf der einen und mal auf der anderen Seite. Wenn ihr um die Boje segelt, müßt ihr immer den Kopf ducken, denn der Baum kommt von der einen zur anderen Seite herüber.

22

einen zur anderen Seite. Jetzt ziehst du die Pinne wieder zu dir hin, bis sie in der Mitte ist und der Opti wieder geradeaus fährt.

Das nennt man eine **Wende** segeln.

Also aufgepaßt: Beim **wenden** drückst du die Pinne von dir weg. Der Opti dreht mit seinem Bug durch die Windrichtung. Der Wind bläst dann von der anderen Seite ins Segel.

Merke: 1. Bei der Wende dreht der Opti immer mit dem Bug durch den Wind. 2. Eine Wende ist leicht zu segeln und ungefährlich.

So, zum Schluß machen wir uns noch einen richtigen Spaß. Schnell den Achtknoten aus der Schot, die Schot aus den Blöcken, das Spriet aus dem Segel, den Mast aus dem Boot! Und nun zu zweit hinein und gepaddelt, was das Zeug hält. Wer ist zuerst um die Boje und wieder zurück?

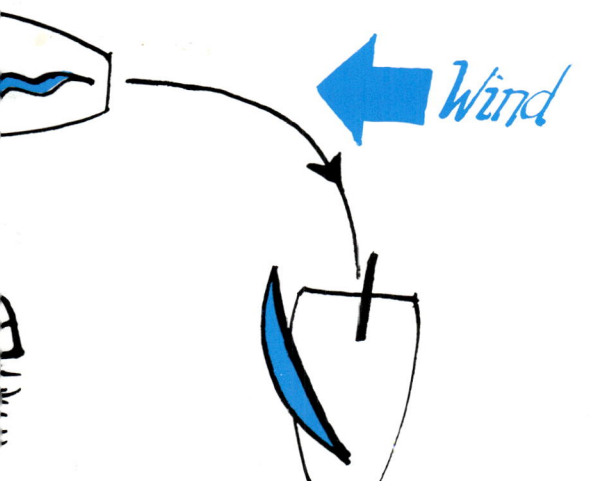

Wind

Diese Fachworte haben wir heute gelernt:

Reihleine
Baum
Spriet
Spriettakelung
Klampe
halber Schlag
Schlitzklemme
Segellatte
Schot
Block
Ösfaß
dichtholen, fieren
Wende
wenden
Luv
Lee.

Es geht auch schräg gegen den Wind

Bis Windstärke 3 kentert man nicht

Heute weht der Wind ganz anders als beim letzten Mal. Er ist etwas stärker, sagst du? Aber wie stark denn?

Der richtige Segler sagt, es ist heute Windstärke 3. Der Wind kann vor Windstärke 0 bis Windstärke 12 stark sein. Wir segeln im Opti aber nur bis Windstärke 3. Denn dann kann man bestimmt nicht umkippen oder **kentern,** wie es richtig heißt. Die Windstärken-Tabelle zeigt, woran man erkennen kann, wie lange wir segeln dürfen.

Hast du schon herausgefunden, woher heute der Wind weht? Die Richtung ist anders als beim letzten Mal. Da wehte der Wind genau von der rechten Seite des Steges. Jetzt kommt er etwas schräger von vorn. Heute probieren wir mal aus, ob der Opti auch segelt, wenn der Wind nicht genau von der Seite kommt.

Aber erstmal versuchen wir es auf dem Trockenen. Wir takeln den Opti an Land auf und drehen ihn solange, bis das Segel im Wind flattert und der Baum in der Mitte ist. Und nun drehen wir den Opti noch ein bißchen, bis der Baum schräg nach hinten zur Seite zeigt. Wenn du jetzt die Schot dichtholst merkst du, daß das Segel ganz zum Boot herangezogen werden muß, bis es prall vom Wind gefüllt ist.

	Woran man die Windstärken erkennt:
0	Das Wasser ist ganz glatt. Nichts rührt sich.
1	Das Wasser kräuselt sich schon etwas, und die Blätter bewegen sich.
2	Kleine Wellen sind auf dem Wasser, die aber noch keinen Schaum machen. Die Blätter und Zweige bewegen sich.
3	Die Wellen haben nun machmal weißen Schaum, und die Fahnen wehen im Wind.
4	Die Wellen klatschen am Steg hoch, spritzen leicht in den Opti und tragen alle weiße Schaumkronen. Die Fahnen am Mast flattern, und Bäume und größere Zweige bewegen sich.

Und nun dreht den Opti mal so, wie ihr nachher von der Boje zum Steg zurücksegelt. Merkt ihr was? Ihr könnt die Schot fast ganz auffieren und das Segel ganz auslassen — es wird vom Wind immer noch prall gefüllt. Wenn ihr das Segel soweit aufgefiert habt, dann segelt ihr mit **Backstagsbrise.**

Und nun wissen wir auch schon, in welcher Richtung die Boje heute ausgelegt werden soll: etwa dort, wohin der Bug des Optis jetzt zeigt. Das ist beinahe die gleiche Richtung wie beim ersten Übungstag, nur daß der Wind jetzt mehr von vorn kommt. Und darum nennt man das **am Wind** segeln. In der letzten Stunde, da kam der Wind genau von der Seite, also von der Hälfte der Windrichtung. Das nennt man darum mit **halbem Wind** segeln.

25

Es geht auch schräg gegen den Wind

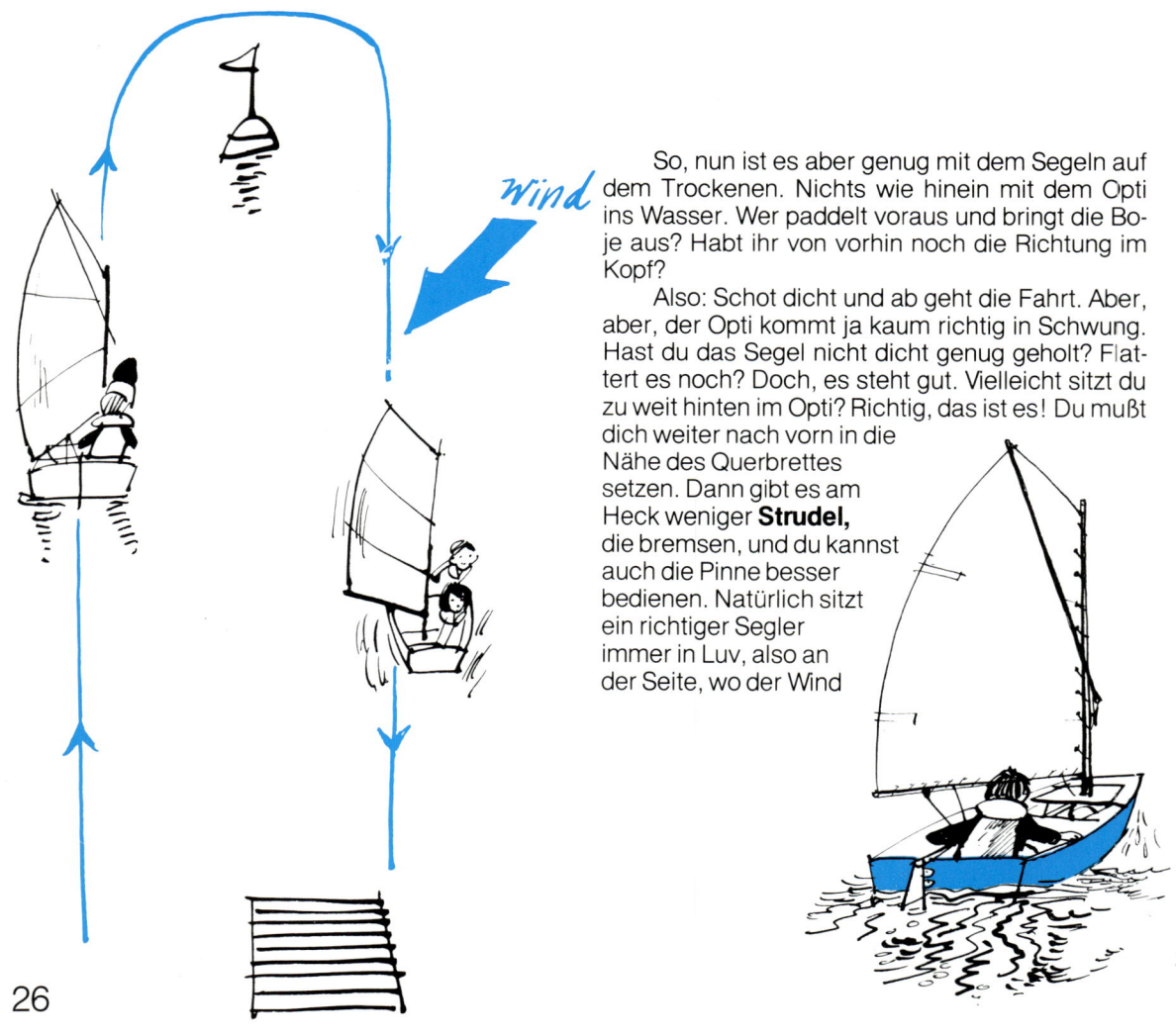

Wind

So, nun ist es aber genug mit dem Segeln auf dem Trockenen. Nichts wie hinein mit dem Opti ins Wasser. Wer paddelt voraus und bringt die Boje aus? Habt ihr von vorhin noch die Richtung im Kopf?

Also: Schot dicht und ab geht die Fahrt. Aber, aber, der Opti kommt ja kaum richtig in Schwung. Hast du das Segel nicht dicht genug geholt? Flattert es noch? Doch, es steht gut. Vielleicht sitzt du zu weit hinten im Opti? Richtig, das ist es! Du mußt dich weiter nach vorn in die Nähe des Querbrettes setzen. Dann gibt es am Heck weniger **Strudel,** die bremsen, und du kannst auch die Pinne besser bedienen. Natürlich sitzt ein richtiger Segler immer in Luv, also an der Seite, wo der Wind herweht. Wenn ihr um die Boje gewendet habt und zurücksegelt, wechselt ihr den Platz, denn dann kommt der Wind ja von der anderen Seite.

So, nun könnt ihr die Boje ansteuern. Das Segel wird so dichtgeholt, bis es nicht mehr flattert. Die Wende ist genau wie beim letzten Mal. Vergeßt nicht, den Kopf zu ducken und euch auf die andere Seite nach Luv zu setzen, denn heute ist der Wind stärker!

Schon ist die Tonne da. **Klar zur Wende** heißt das Kommando! Zurück zum Steg geht's viel schneller. Der Wind schiebt schräg von hinten, und wir können die Schot ganz fieren und das Segel weit hinauslassen. Wenn es an zu klappern fängt, haben wir es zu weit hinausgelassen. Dann müssen wir die Schot wieder dichtholen.

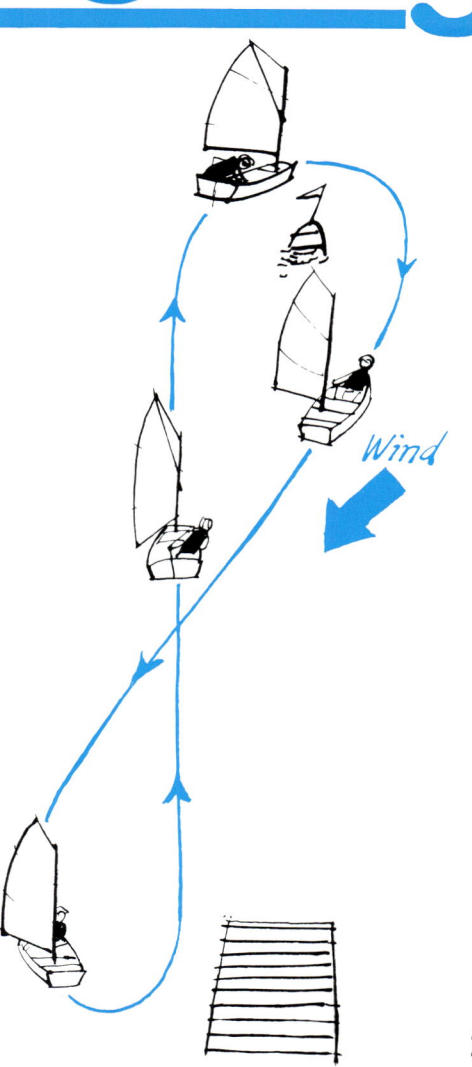

Wind

Es geht auch schräg gegen den Wind

Wir probieren das Anlegen

Jetzt segeln wir aber nicht genau zum Steg zurück, sondern ein wenig schräg dahinter, also auf die Seite des Steges, wo der Wind hinweht. Habt ihr noch behalten, wie sie heißt? Richtig, das ist die Leeseite des Steges!

Wir brauchen ein wenig Platz, um wieder eine Wende zu fahren, damit die Fahrt zur Boje nochmals losgehen kann. Und dann haben wir schon eine richtige Acht gesegelt.

Prima, das bringt Spaß. Wir segeln immer zu, und wir probieren, wer als erster wieder bei der Boje ist.

Ach, da ist jemand nicht um die Boje herumgekommen. Was kann er nur machen? Natürlich mit der Pinne und dem Ruder wriggen! Das habt ihr doch schon am ersten Tag gelernt.

Und nun segeln alle Optis zurück zum Steg und legen an. Halt — natürlich saust man nicht mit toller Fahrt und dem Wind von hinten auf den Steg los und knallt mit dem Bug dagegen. Davon geht der Opti bestimmt kaputt. Zum Anlegen muß der Wind immer von vorn kommen. Darum fahren wir genau wie vorhin an der Leeseite des Steges eine große Kurve, bis das Segel genau in der Mitte des Optis flattert, und steuern dann mit dem letzten Schwung bis an das Ende des Steges heran. Nun könnt ihr schon einen richtigen **Anleger** segeln!

Das ist zu schwierig? Dann übt es ein paar Mal hintereinander. Natürlich muß man die richtige Kurve erstmal heraushaben. Auf jeden Fall sollte einer von euch auf dem Steg sitzen und den Opti mit den Füßen **abhalten,** falls die Fahrt beim Anlegen noch zu groß ist.

Wir segeln jetzt das gleiche Stück wie vorhin zur Boje und zurück, nur, daß wir jedes Mal am Steg anlegen, bevor es wieder losgeht.

3.Tag

So, das war heute ein toller Segeltag. Jetzt könnt ihr schon schräg gegen den Wind — also am Wind — segeln, und ihr wißt, wie weit man das Segel mit halbem Wind ausfieren muß. Ihr habt auch gemerkt, daß man das Segel noch weiter herauslassen muß, wenn der Wind schräg von hinten kommt. Und ihr habt gelernt, daß man zum Anlegen immer direkt gegen den Wind steuern muß.

Wind

**Diese Fachworte
haben wir
heute gelernt:**

**Windstärke
kentern
am Wind segeln
mit halbem Wind segeln
mit Backstagsbrise segeln
Strudel
klar zur Wende
Anleger
abhalten**

Eine Halse
ist kein Kinderspiel

Wer nicht aufpaßt,
kriegt eine Beule

Heute wird es spannend! Wir wollen ein aufregendes Segelmanöver lernen. Wie stark ist der Wind? Etwa Windstärke zwei. Das ist genau richtig. Und wir haben noch mehr Glück. Er bläst heute aus einer anderen Richtung — genau am Ufer entlang. Da können wir prima direkt vor dem Steg die **Halse** üben.

Was ist eine Halse? Das lernen wir am besten wieder auf dem Trockenen, nachdem der Opti aufgetakelt ist. He, seid nicht so faul, einer allein kann den Opti schließlich nicht aus dem Opti-Gestell ziehen. Da müßt ihr schon zu zweit oder zu dritt anfassen.

So, jetzt steht der Mast. Schnell das Spriet **durchsetzen** und die Schot in die Blöcke **einscheren** — so heißt das Strammziehen beziehungsweise Einfädeln nämlich richtig. Und da ist noch eine Leine am Baum, die wir bisher nicht beachtet haben. Sie wird jetzt durch die Schlitzklemme ganz unten am Mast geschoren und schön stramm durchgesetzt. Wenn dort keine Schlitzklemme ist, kann die Leine auf einer Klampe belegt werden.

Wer hebt jetzt ganz **achtern,** am hinteren Ende, mal den Baum an? Ja, er läßt sich nicht mehr hochheben. Er wird von der Leine niedergehalten. Und darum nennt man die Leine auch **Baumniederhalter.** Der ist für unser neues Manöver wichtig, wie ihr gleich sehen werdet.

Was wir zuerst machen, kennt ihr schon: Wir drehen den Opti solange, bis der Wind genau von vorn kommt und Baum und Segel genau in der Mitte sind. Jetzt drehen wir den Opti weiter, bis der Wind genau von der Seite kommt: Baum und Segel flattern seitlich. Wir drehen noch weiter: Der Wind kommt schon fast von hinten, und die Schot ist weit gefiert: Backstagsbrise.

Und jetzt aufgepaßt: Wir drehen langsam noch weiter herum und — peng! Da hast du plötzlich den Baum am Kopf kleben! Was ist denn passiert? Der Wind hat plötzlich von der anderen Seite in das Segel geblasen und den Baum herumgeschlagen — viel schneller als bei einer Wende!

. Das war eine Halse. Natürlich mußt du davon nicht immer eine Beule am Kopf bekommen. Aber du hast gemerkt, daß man den Kopf ganz schnell wegducken muß — auch viel schneller als bei einer Wende.

Nun probieren wir das Manöver noch einmal und holen vorher die Schot flink ein bißchen dicht. Na, habt ihr's gemerkt? Jetzt kann der Baum nicht so weit herumschwingen, weil ihn ja die Schot bremst. Später, im Wasser, müßt ihr dann die Schot aber wieder ganz schnell loslassen, sonst **krängt** euer Opti zu doll und kann dabei sogar kentern.

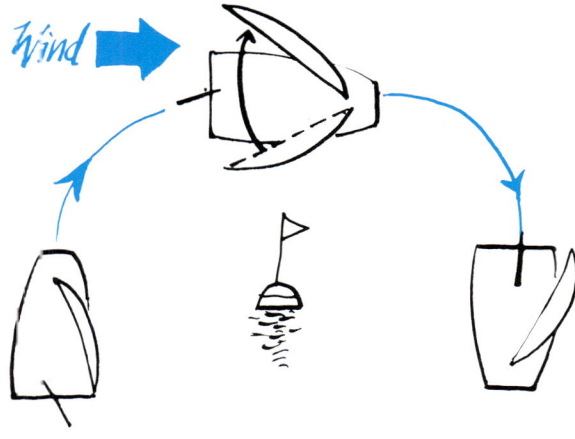

Habt ihr die Unterschiede zur Wende gemerkt? Zählen wir sie noch mal auf:

Bei der **Wende** kommt der Wind von vorn, die Schot ist ganz dichtgeholt, und Segel und Baum wechseln langsam von der einen zur anderen Seite. Es ist ungefährlich.

Bei der **Halse** kommt der Wind von hinten, die Schot ist ganz aufgefiert, Segel und Baum schlagen schnell von der einen zur anderen Seite. Man muß gut aufpassen.

Eine Halse
ist kein Kinderspiel

So, nun wollen wir das mal beim Segeln ausprobieren.

Wir werfen die Boje nur ein kleines Stück vom
Steg entfernt über Bord. Die zweite Boje folgt viel
weiter draußen. Alles klar zum Ablegen? Prima!
Der Wind kommt schräg von der Seite, und wir
sausen mit halbem Wind und ausgefierter Schot
los. Um die Boje geht es rechts herum mit einer
Wende. Die kennen wir schon. Da ist die zweite
Boje erreicht, und um die sollt ihr auch rechts
herum segeln.

Jetzt aufgepaßt: Wenn ihr herumkurvt, kommt
der Wind von hinten. Schnell die Schot ganz auslassen. Pinne ganz zur Seite drücken, Schot etwas
anholen und — peng! Der Baum saust herum,
und die Halse ist geschafft! So schwer war's doch
gar nicht, oder? Das üben wir jetzt immerzu. Angst
braucht ihr nicht zu haben, denn die Halse macht
ihr ja ganz dicht beim Steg, und da paßt euer Leh-
rer gut auf.

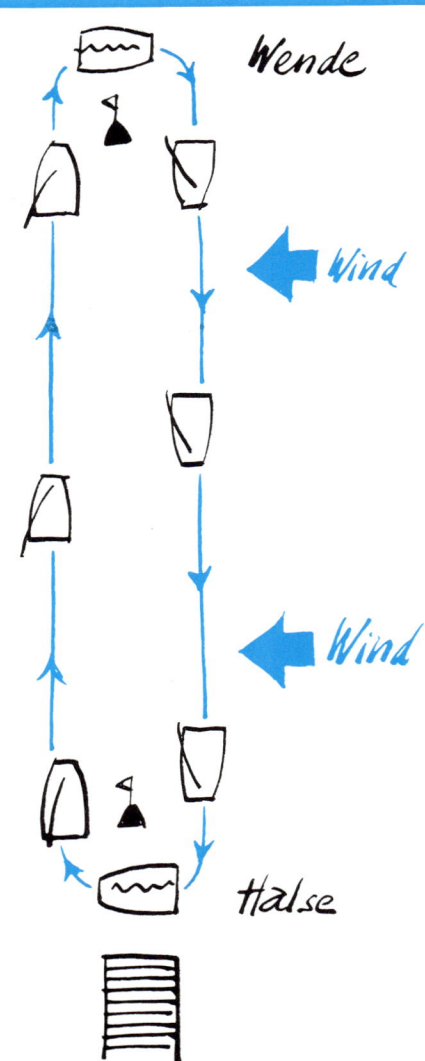

Wende

Wind

Wind

Halse

Wo Backbord und Steuerbord ist

Damit es nicht langweilig wird, machen wir jetzt etwas anderes: Wir segeln wieder eine Acht wie beim vorigen Opti-Tag, diesmal aber mit zwei Halsen. Wie das geht? Ganz einfach: Nachdem ihr um die Boje am Steg mit einer Halse rechts herum gesegelt seid, steuert ihr die entfernte Boje so an, daß sie an der linken Seite des Optis ist, und fahrt auch links um sie herum. Das ist dann wieder eine Halse.

Aber ein richtiger Segler sagt natürlich nicht links oder rechts. Er sagt dafür **Backbord** oder **Steuerbord.** Links ist Backbord und rechts ist Steuerbord. Und die großen Segler und Motorboote haben nachts **Positionslampen** an, die sind an Backbord rot und an Steuerbord grün.

Was, das kann man sich nicht merken? Paß auf: Wenn ich dir eine mit rechts klebe, dann wird deine linke Backe rot — oder? Also ist links B a c k bord und rot.

33

Eine Halse
ist kein Kinderspiel

Wer muß ausweichen?

Wie bitte, das Segel flattert jetzt und ihr kommt nicht mehr gut voran? Ja, habt ihr denn alles vergessen? Euer Opti segelt doch **höher am Wind,** also **am Wind,** und da muß man die Schot schon ein bißchen dichtholen, bis das Flattern aufhört.

He, aufgepaßt! Du fährst mir ja in die Seite. Nein du! Nein, ich war eher in der Mitte!

Ach, du lieber Gott: in der Mitte der Acht gibt's Zusammenstöße. Ja, wer hat denn nun eigentlich Vorfahrt, und wer muß ausweichen? Gut hat es immer das Segelboot, bei dem das Segel und der Baum und die Schot auf der linken, also Backbord-Seite sind. Man sagt dazu: Das Boot segelt mit **Backbord-Schoten.** Es hat immer Vorfahrt gegenüber einem Segelboot, bei dem Segel, Baum und Schot auf der rechten, also Steuerbord-Seite stehen. Das Boot segelt dann mit **Steuerbord-Schoten.** Es gibt auch noch ein paar andere wichtige Vorfahrts-Regeln, aber die lernen wir später.

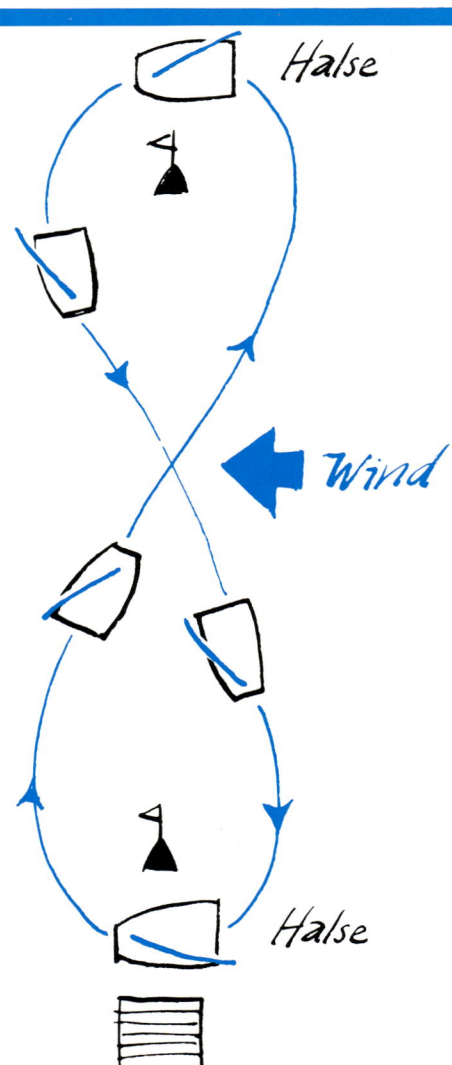

Halse

Wind

Halse

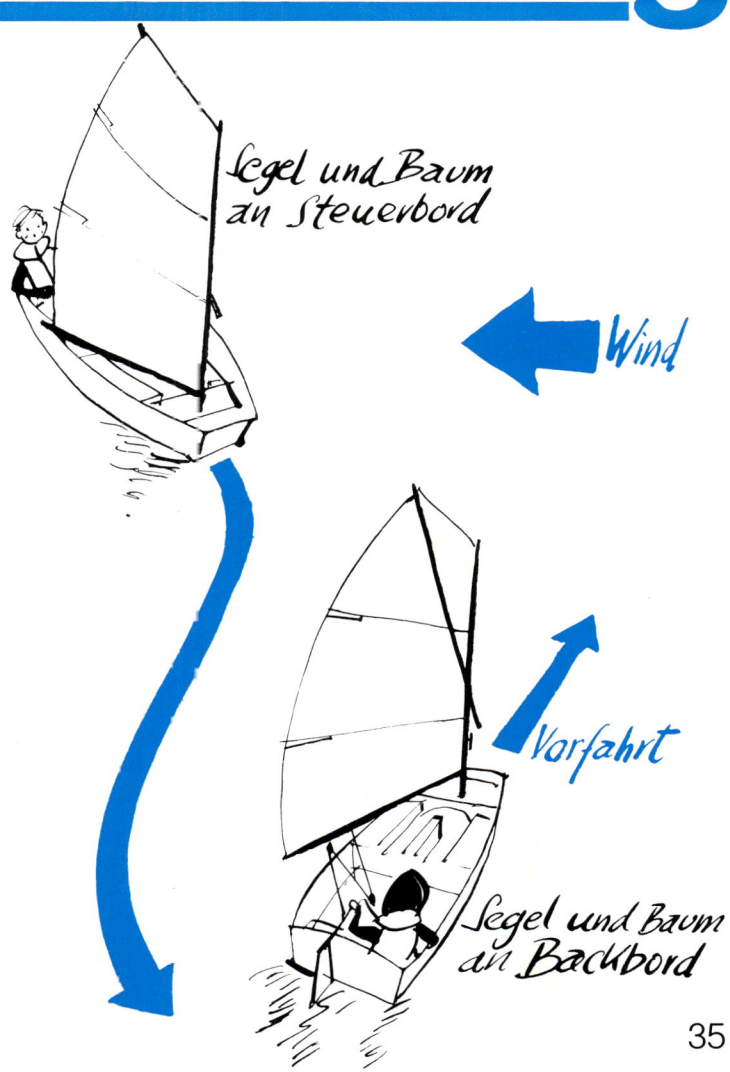

Segel und Baum
an Steuerbord

Wind

Also, wenn ihr von der äußeren Boje zurücksegelt, ist die Schot an Steuerbord, ihr fahrt also mit Steuerbord-Schoten und müßt euren Freunden, die von der Steg-Boje entgegengesegelt kommen, ausweichen. Dazu fiert ihr etwas die Schot und laßt den entgegenkommenden Opti vor eurem Bug vorbei. Der richtige Segler sagt dazu **abfallen.** Wenn ihr danach die Schot wieder etwas dichtholt und höher an den Wind geht, dann heißt das **anluven.**

Vorfahrt

Segel und Baum
an Backbord

35

Eine Halse
ist kein Kinderspiel

Kreuzknoten und Rund-
törn sind wichtig

Na, war das heute sehr schwer? Es ist doch toll, was ihr jetzt schon alles könnt. Jetzt seid ihr schon — fast — richtige Segler.

Aber leider — ein richtiger Segler muß auch Knoten können. Und darum lernen wir nach dem **Abtakeln** schnell noch zwei: den **Kreuzknoten** und den **Rundtörn mit zwei halben Schlägen.**

Den Kreuzknoten brauchst du, wenn du zwei Leinen zusammenbinden willst. Er ist ganz einfach:

Zuerst legen wir mit der einen Leine eine Öse.

Dann stecken wir die andere Leine von unten durch die Öse, schlängeln sie unten um die beiden Enden der ersten Öse herum

und stecken sie von oben wieder in die Öse hinein.

Jetzt beide Enden stramm-ziehen — fertig!

Du mußt nur aufpassen, daß das kurze und lange Ende der ersten Leine auf einer Seite und beide Enden von der zweiten Leine auch auf einer Seite sind. Wenn das nicht so ist, hast du was falsch gemacht.

Der Rundtörn mit zwei halben Schlägen ist für alle möglichen Gelegenheiten wichtig. Damit kannst du auch den Opti am Steg richtig festbin-den.

So wird's gemacht: Du steckst das kurze Ende der Leine von unten durch den Ring.

Dann machst du das gleiche nochmal, so daß die Leine sich zweimal um den Ring schlingt. Das ist der Rundtörn.

Jetzt legst du das kurze Ende unten um das lange herum und steckst es von oben durch die Öse, die dabei entsteht. Das ist ein halber Schlag.

Jetzt machst du noch genauso einen halben Schlag davor, und fertig ist der Knoten.

Ob ihr die beiden Knoten bis zum nächsten Segeltag richtig könnt? Wir werden ja sehen!

**Diese Fachworte
haben wir
heute gelernt:**

**Halse
durchsetzen
einscheren
achtern
Baumniederhalter
krängen
Backbord
Steuerbord
Backbord-Schoten
Steuerbord-Schoten
Positionslampen
hoch am Wind
am Wind
abfallen
anluven
abtakeln
Kreuzknoten
Rundtörn mit zwei halben Schlägen**

37

Der Trick, mit dem man gegen den Wind segelt

Kreuzen ist Zick-Zack-Segeln

Hat euch das Opti-Segeln bisher Spaß gemacht? Fein, dann dürft ihr euch freuen! Denn nach der heutigen Stunde könnt ihr allen euren Freunden und Freundinnen in der Schule erzählen, daß ihr richtige Segler seid. Wir wollen nämlich heute das letzte und eigentlich wichtigste Segelmanöver probieren, und dazu müssen wir den Wind überlisten.

Warum? Na, ihr habt es doch schon gemerkt! Manchmal wollte euer Opti einfach nicht weiterfahren. Ja, er trieb sogar zurück! Das Segel flatterte, und dabei hattet ihr die Schot ganz dichtgeholt. Tja, kein Segelboot — auch kein Opti — kann gegen den Wind segeln, und genau das hattet ihr versucht. Zugegeben, ohne Absicht!

Heute aber werdet ihr sehen, daß es mit einem Trick doch geht: indem wir zick-zack in die Richtung segeln, wo der Wind her bläst. Natürlich nennt das der Segler nicht Zick-Zack-Segeln, sondern **kreuzen.**

Das probieren wir zuerst wieder auf dem Trockenen aus. Woher weht heute der Wind? Aha, dann dreht mal den Opti solange, bis Spriet und Baum genau nach achtern zeigen und das Segel im Wind flattert. So, jetzt kommt der Wind genau von vorn, und man kann die Schot ganz dichtholen. Tut es mal!

Und nun nimmt jemand von euch den Baum in die Hand und drückt ihn solange zur Seite, bis das Ende vom Baum auf die äußere Ecke vom **Spiegel** eures Optis zeigt. Natürlich mußt du die Schot soviel wieder fieren. Jetzt gut festhalten!

Was, an deinem Opti ist kein Spiegel? Ach so, natürlich nicht, schließlich ist ein Opti ja kein Auto, das einen Rückspiegel braucht. Aber den „Rückspiegel" eines Bootes nennt der Seemann nun mal Spiegel, und das ist die Planke, mit der dein Opti hinten aufhört.

Habt ihr die Schot noch genauso festgehalten? Dann laßt uns den Opti mit dem Bug mal langsam zu der Seite drehen, auf der ihr den Baum festhaltet. Noch flattert das Segel — aber jetzt füllt es sich mit Wind und bleibt aufgeblasen stehen. Aha, so schräge kann man also gegen den Wind segeln. Dichter darfst du den Baum nicht zu dir heranziehen, sonst schafft der Opti es nicht gegen den Wind. Und das, was wir jetzt gemacht haben, ist ein „Zick".

Nun kommt der „Zack": Wir drehen den Opti herum. Das Segel flattert, kommt in die Mitte, schwingt zur anderen Seite — Wende — und wird vom Wind wieder gefüllt. Das ist der „Zack" — oder, richtig gesagt, der andere **Kreuzschlag** gegen den Wind.

Das wollen wir jetzt im Wasser ausprobieren. Dazu brauchen wir wieder unsere beiden Bojen. Die eine legen wir genau in der Richtung aus, woher der Wind weht, die andere ebenfalls, aber so, daß zwischen beiden Bojen Platz für mindestens 20 Optis hintereinander bleibt.

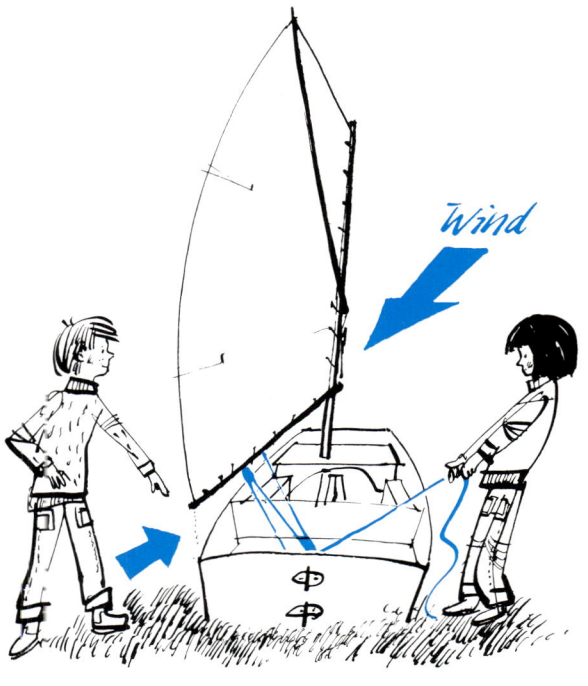

Wind

Du darfst die Schot nur soweit dichtholen, bis das Ende vom Baum genau über der Ecke vom Spiegel steht!

Der Trick, mit dem man gegen den Wind segelt

Ohne Verklicker geht es nicht

Und noch etwas brauchen wir jetzt: eine kleine Fahne auf dem Mast. Die nennt man fachmännisch **Verklicker.** Am Verklicker könnt ihr immer genau sehen, aus welcher Richtung der Wind weht.

Wind

Auf geht's! Zuerst wollen wir versuchen, die Boje zu erreichen, die am weitesten in der Richtung liegt, aus der der Wind bläst. Denkt an vorhin: Schot dichtholen, bis der Baum etwa über der Ecke am Spiegel ist — und „Zick"! So geht's ein paar Meter. Und nun Wende — „Zack"! Das klappt ja wie zick-zack-genäht.

Jetzt **killt** (klappert) das Segel? Dann habt ihr zu weit in die Windrichtung hineingesteuert. Abfallen, bis das Segel wieder richtig voll Wind ist! Halt, aber nicht zuviel, sonst kommt ihr ja nie zu eurer Boje. Mit der Zeit werdet ihr schon herausbekommen, wie weit man anluven kann oder abfallen muß.

Die Boje ist erreicht. Nun heißt es aufpassen! Wenn ihr um die Boje segelt, müßt ihr eine Halse fahren! Also: Schot etwas dichtholen, Pinne zur Seite drücken, Kopf schnell ducken — peng! Da ist der Baum auf der anderen Seite.

Schon segeln wir zur anderen Boje zurück. Das geht viel schneller, da wir vor dem Wind herfahren. Und da er genau von hinten kommt, nennt man das **Vorm-Wind-Segeln.** Dazu müssen wir das Segel ganz weit ausfieren, damit der Wind auch richtig schieben kann.

Hallo — da ist ja die andere Boje schon. Und nun fängt das Kreuzen von vorn an. Tja, mühsam

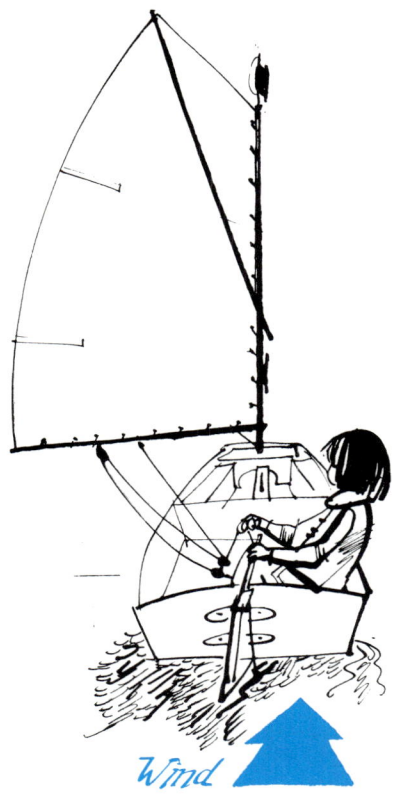

Wind

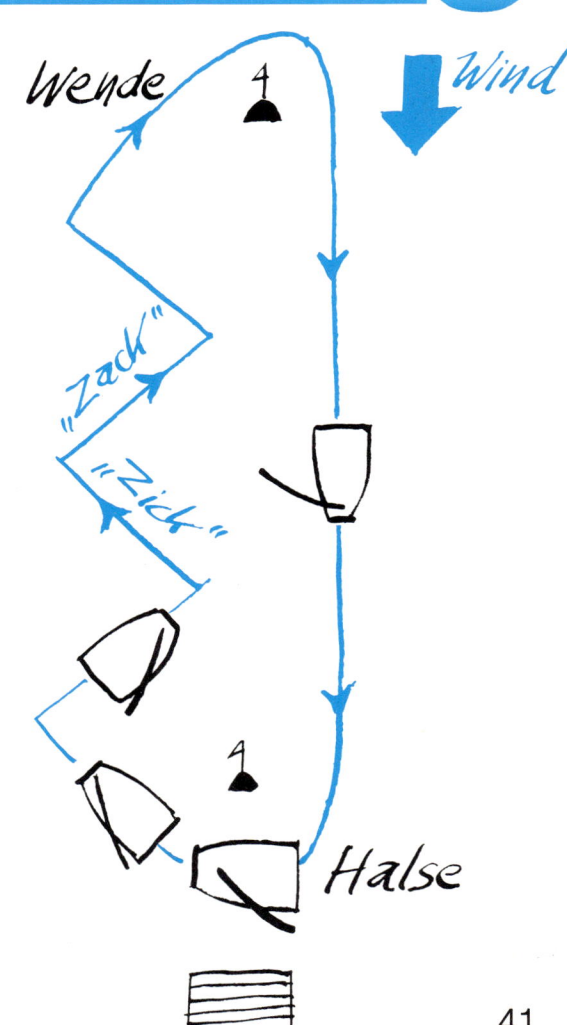

Wende

Wind

"Zack"

"Zick"

Halse

ist das! Aber wenn ihr später vielleicht Regatten segeln wollt, müßt ihr gut kreuzen können, denn auf der Kreuz stellt es sich heraus, wer der beste Segler ist. Darum üben wir jetzt immerzu das Kreuzen und Vorm-Wind-Segeln.

41

Der Trick, mit dem man gegen den Wind segelt

Was macht man, wenn der Opti krängt?

Aber, aber — ihr habt doch nicht etwa Angst vor dem Kreuzen? Nur, weil der Opti dabei manchmal so krängt, also schief liegt, wenn der Wind plötzlich etwas stärker weht? Das ist kein Problem. Dann laßt ihr einfach für einen Augenblick die Schot ganz los, bis das Segel flattert, und schon liegt der Opti wieder gerade. Bei so wenig Wind ist der Opti eigentlich ein sehr sicheres Segelboot und kippt nicht um — vorausgesetzt, ihr sitzt immer auf der richtigen Seite in Luv, also nicht auf der Seite, wo Baum und Segel gerade sind.

Einmal hat auch der längste **Segeltörn** ein Ende. Wir segeln zum Steg zurück. Wenn nur der Wind nicht so eklig von hinten käme. Da brummt man ja mit ganz schöner Fahrt gegen den Steg. Aber wir haben schon gelernt, daß man immer gegen den Wind anlegt. Und das geht jetzt auch.

Aufgepaßt! Fahre neben dem Steg eine Wende und einen großen Kreis — noch größer! Jetzt komm' **längsseits,** also seitlich an den Steg heran. Da kannst du dich gut festhalten und bequem aussteigen.

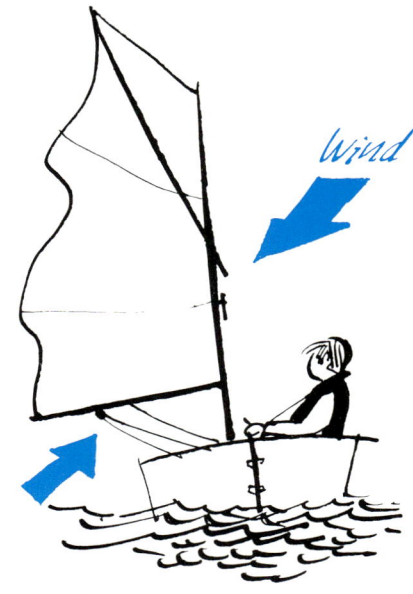

42

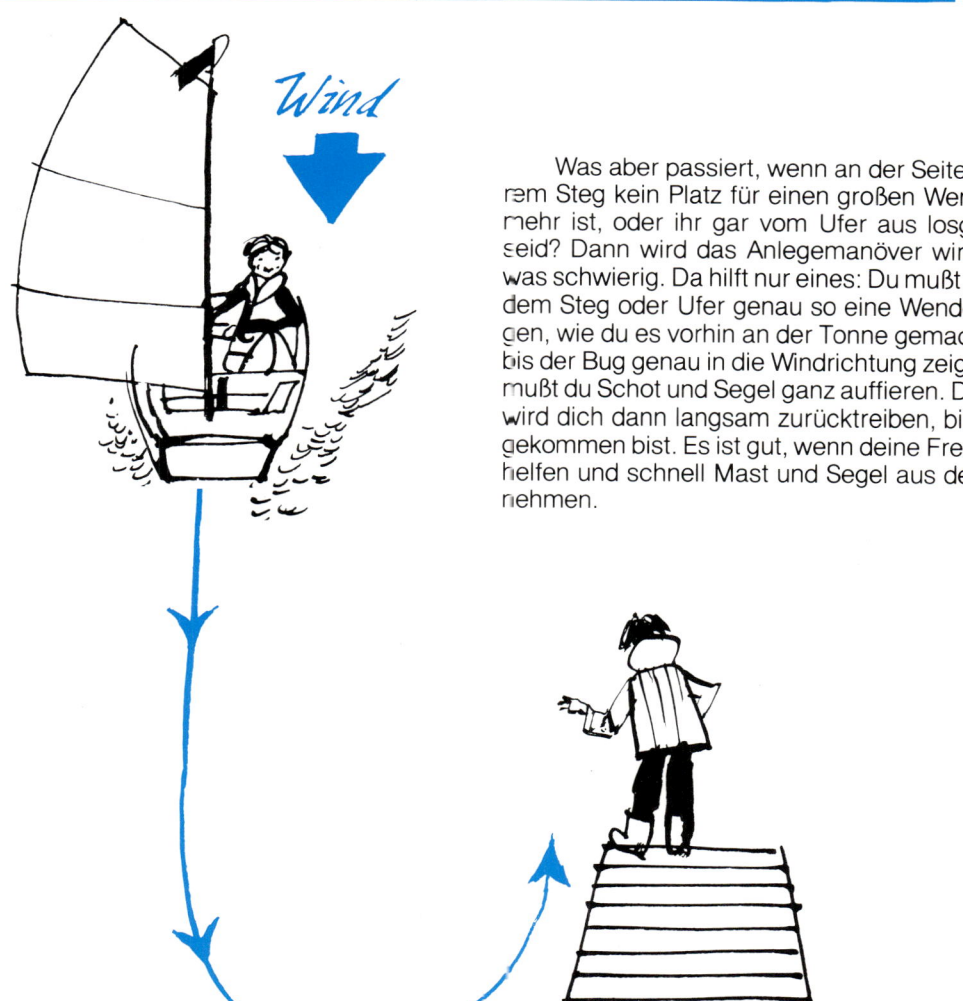

Wind

Was aber passiert, wenn an der Seite von eurem Steg kein Platz für einen großen Wendekreis mehr ist, oder ihr gar vom Ufer aus losgesegelt seid? Dann wird das Anlegemanöver wirklich etwas schwierig. Da hilft nur eines: Du mußt kurz vor dem Steg oder Ufer genau so eine Wende anfangen, wie du es vorhin an der Tonne gemacht hast, bis der Bug genau in die Windrichtung zeigt. Dabei mußt du Schot und Segel ganz auffieren. Der Wind wird dich dann langsam zurücktreiben, bis du angekommen bist. Es ist gut, wenn deine Freunde dir helfen und schnell Mast und Segel aus dem Boot nehmen.

Der Trick, mit dem man gegen den Wind segelt

Der einfache und doppelte Schotstek

Wie sieht es denn mit euren Knoten-Kunststücken aus? Habt ihr den Kreuzknoten und den Rundtörn mit zwei halben Schlägen gut gelernt? Dann können wir ja heute noch zwei andere — ganz leichte — Knoten versuchen. Sie heißen **einfacher Schotstek** und **doppelter Schotstek.** Beide sind wichtig, wenn man eine Leine, an der bereits eine Öse ist, mit einer anderen zusammenbinden will, oder wenn eine sehr dicke und eine sehr dünne Leine zusammengeknotet werden soll.

Wir machen mit dem kurzen Ende der dicken Leine eine Öse und stecken die dünne Leine von unten durch die Öse.

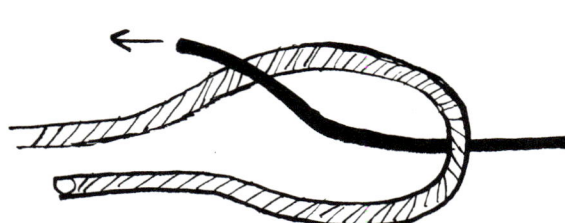

Jetzt legen wir die dünne Leine ganz außen und unten um die dicke Öse herum,

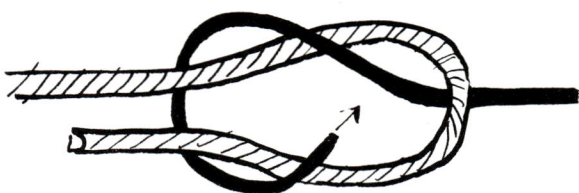

bis wir wieder eine Öse haben und das Ende zwischen dicker und dünner Leine durchgesteckt werden kann.

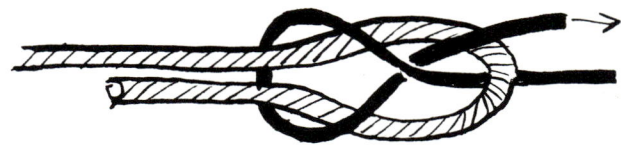

Festziehen und fertig.

Beim doppelten Schotstek wird der Knoten genauso gemacht. Nur zum Schluß, wenn mit der dünnen Leine die eine Öse durchgezogen ist, machst du noch eine auf die gleiche Art davor. Dazu muß natürlich das Ende der dünnen Leine etwas länger sein.

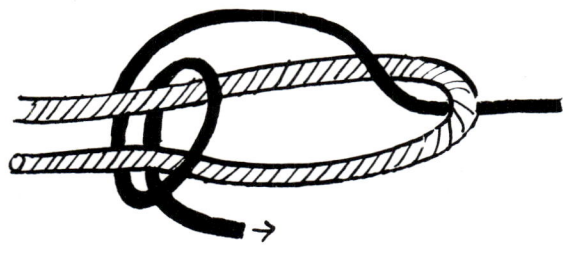

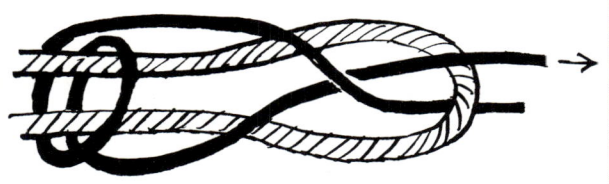

Der doppelte Schotstek hält noch besser, vor allem, wenn die beiden Leinen wirklich sehr verschieden sind. Probiert es mal! Die Knoten sind sehr leicht, und man kann sie oft gebrauchen. Bis zur nächsten Stunde könnt ihr sie bestimmt.

Diese Fachworte haben wir heute gelernt

kreuzen
Kreuzschlag
Spiegel
Verklicker
Vorm-Wind-Segeln
Segeltörn
längsseits
einfacher Schotstek
doppelter Schotstek
killen

Kentern bringt Spaß

Sind die Auftriebs- körper in Ordnung?

Was ist denn heute mit dem Wind los? Er hat sich bestimmt verkrochen, wei die Sonne so heiß scheint. Ölig glatt ist das Wasser, keine Welle kräuselt sich: Windstärke 0. Da sollte man eigentlich lieber baden als segeln. Warum auch nicht? Irgend jemand hat doch erzählt, daß man mit dem Opti nur ganz schwer kentern kann, und daß die Sache nicht weiter aufregend ist, weil man die Jolle selbst wieder aufrichten kann. Ob das stimmt? Laßt es uns ausprobieren!

Damit das fröhliche Bootskentern auch möglichst echt wirkt, wollen wir den Opti vollständig auftakeln. Sind Paddel und Ös-aß festgebunden? Dafür habt ihr ja den Palstek und den Rundtörn mit zwei halben Schlägen gelernt. Ist das Ruder achtern am Spiegel durch eine kleine Feder gesichert, damit es nicht aus den **Beschlägen** rutschen kann?

Fein, dann kann's ja losgehen, wenn — ja wenn ihr das wichtigste nicht vergessen habt: die Kontrolle der Auftriebskörper und das Anziehen der Schwimmweste. Hat euer Opti drei gelbe, mit Luft gefüllte Auftriebskörper vorn an beiden Seiten und hinten? Gut, dann pustet sie noch einmal prall auf! Wer einen Opti aus Kunststoff hat, braucht nicht zu pusten, denn bei richtig gebauten Kunststoff-Optis sind die Auftriebskörper unter dem Kunststoff versteckt. Man sieht die dicken Luftkammern vorn und hinten im Boot.

Ihr habt keine Lust, bei der Wärme die Schwimmweste anzuziehen? Tut mir leid — sie muß **immer** getragen werden, auch in der Badehose.

Niemals vom Boot wegschwimmen

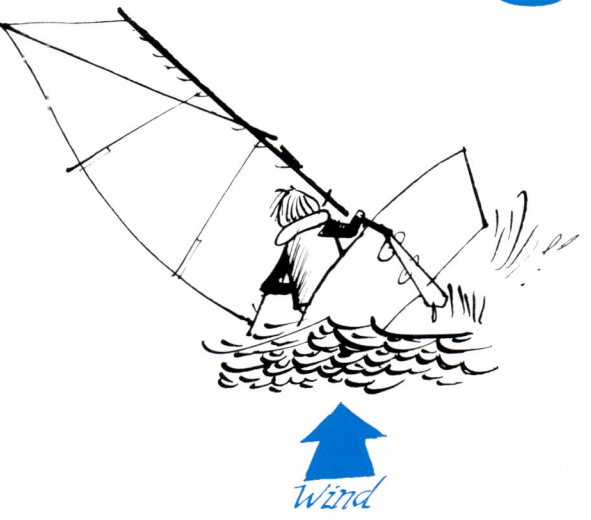

Wind

So, nun nichts wie hinein in die Optis — halt, nicht alle auf einmal, sondern jeder einzeln, wie beim Segeln. Setzt euch einmal achtern auf den Spiegel. Da kommt der Opti ganz schön aus dem **Trimm** und hebt den Bug hoch — aber kentern tut er noch lange nicht.

Und jetzt setzt euch vor den Mast auf den **Bugspiegel.** Da taucht der Opti schon tiefer ein und wird ganz kibbelig oder **rank,** wie es richtig heißt. Nun könnt ihr euch auch vorstellen, daß der Opti am leichtesten kentert, wenn ihr vor dem Wind segelt und der Bug tief ins Wasser gedrückt wird. Ihr müßt also vor dem Wind am meisten aufpassen.

Und nun geht der Spaß richtig los! Wer hat Mut und setzt sich seitlich auf die Bordwand? Was, der Opti kippt immer noch nicht um? So schwer ist das also! Da müßt ihr schon tüchtig schaukeln und das Boot richtig **krängen,** bis Wasser überschwappt. Na endlich! Langsam läuft der Kahn voll, legt sich auf die Seite — und ihr liegt auch im Bach. Mast und Segel auf der einen, das Schwert auf der anderen Seite, so liegt das Boot im Wasser. Da heißt es schwimmen, aber — haaalt! Doch nicht etwa zum Steg zurück! Das ist der schlimmste Fehler, den irgend jemand von euch beim ganzen Segelkursus machen kann. Schreibt es euch ganz dick hinter die Ohren: **niemals vom Boot wegschwimmen!** Denn nur, wenn ihr euch am Boot festhaltet, seid ihr sicher, da euer Opti nicht untergeht. Die Entfernung zum Steg oder zum Ufer sieht meistens kürzer aus, als sie in Wirklichkeit ist, und mit der Schwimmweste könnt ihr auch kurze Strecken schlecht schwimmen. Strömung oder Wind treiben euch unter Umständen weit ab.

Jeder Segler weiß, daß er sich nach dem Kentern am Boot festhalten muß. Denn es **driftet** manchmal so schnell ab, daß du in deiner dicken Schwimmweste nicht hinterherkommst. Darum sammelt man auch niemals abgetriebene Sachen schwimmend wieder ein. Die fischt später schon jemand auf.

Kentern bringt Spaß

Übung macht den Meister

Wenn du die Schot immer in der Hand behälst, kann eigentlich gar nichts passieren. Sie verbindet dich mit dem Opti, und du kannst dich trotzdem um das Boot herumhangeln. Das ist nämlich notwendig, um das Schwert unter dem Bootsboden zu erreichen. Es ist das kleine Treppchen, auf das du steigen mußt, damit der Opti sich umdreht und aufrichtet. Das ist gar nicht so einfach, aber Übung macht den Meister.

Schwupp — jetzt richtet sich das Boot plötzlich auf und schwimmt richtig herum. Aber es ist ziemlich viel Wasser drin. Damit der Opti nicht gleich wieder umkippt, mußt du jetzt die Schot loslassen, so daß der Wind nicht mehr ins Segel blasen kann. Dafür kannst du dich ja an der Bordwand festhalten.

Aber das dicke Ende kommt erst. Bitte einsteigen, Herr Kapitän! Achtung — platsch! Da liegt der Kahn wieder im Bach, und du hast das Segel auch noch auf den Kopf gekriegt. So geht's also nicht. Wenn man seitlich einsteigen will, kentert der Opti sofort wieder. Tja, da hilft alles nichts, du mußt nochmal aufs Schwert und das Boot wieder aufrichten.

Und dann lachen die da oben auf dem Steg auch noch . . .
Vielleicht versuchst du es mal über das Heck? Da ist der Spiegel schön breit, man kann sich gut hochziehen und das Boot bekommt keine seitliche Krängung. Siehst du, so geht's!

6.Tag

Puh, das wäre geschafft. Wenn alle ihre Optis aufgerichtet haben, beginnt das große Piraten-Badefest. Jeder versucht, zu einem anderen Opti zu wriggen und ihn umzukippen. Wer als letzter übrigbleibt und nicht gekentert ist, wird Piratenkönig.

Schade, jeder Badespaß hat mal ein Ende. Schließlich müssen die Boote auch noch **ausgepützt** werden. Der Seemann sagt dazu fachmännisch: die Boote **lenzen**. Dafür habt ihr das Ösfaß an Bord. Schneller geht es mit einem Plastikeimer, der in der Seemannssprache **Pütz** heißt. Daher kommt auch das Wort auspützen.

Natürlich ist kentern nicht ganz so lustig, wenn es euch unbeabsichtigt passiert und ihr mit allem Zeug bei viel Wind ins Wasser fallt. Damit dann auch alles klappt, wiederholen wir noch einmal die fünf wichtigsten Regeln:

1. **Niemals vom Boot wegschwimmen.**
2. **Schot festhalten, bis das Schwert erreicht ist.**
3. **Nach dem Aufrichten Schot loslassen.**
4. **Über das Heck ins Boot klettern.**
5. **Pützen und warten, bis Hilfe kommt.**

49

Kentern bringt Spaß

Ein Takling für den Tampen

Jetzt wollen wir noch einmal die Optis durchsehen, denn bei einem solchen Kenterfest kann auch mal etwas kaputt- oder verlorengehen. Da ist ein Verklicker verbogen, und hier — wie sieht denn der **Tampen** der Schot aus? Der Tampen (das ist das Ende von der Leine) ist ganz ausgefusselt. Da müssen wir einen neuen **Takling** draufsetzen. Dazu brauchen wir kräftiges **Takelgarn,** das es beim Schiffsausrüster zu kaufen gibt.

Wichtig ist, daß du das Takelgarn sehr stramm wickelst, sonst hält der Takling nicht. Wenn du das Garn etwa fünfzehnmal herumgewickelt hast, guckt nur noch ein kleines Stück von der Schlaufe raus. Dort

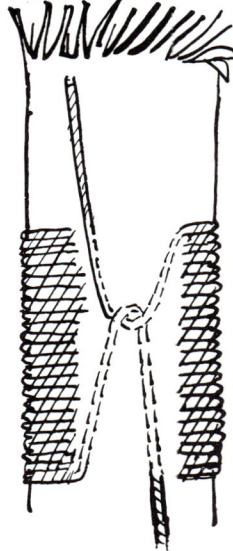

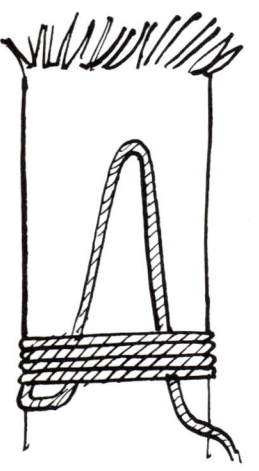

Zuerst legst du mit dem Ende des Takelgarns eine Schlaufe auf der Leine zurecht und wickelst das lange Ende so um die Leine herum, daß jede Wicklung die Schlaufe weiter zudeckt.

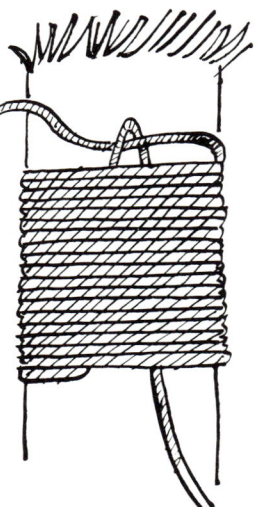

fädelst du nun das Garn hindurch und schneidest es nicht zu kurz ab.

Jetzt kommt der Trick: Wenn du am anderen Ende der Schlaufe, das unten ja noch aus den Wicklungen heraushängt, kräftig ziehst, verschwindet die Schlaufe samt Garnende unter den Wicklungen und sitzt eisern fest.

Es ist fast Zauberei: Wenn jetzt die beiden heraushängenden Garnenden abgeschnitten werden, sieht niemand mehr, wie der Takling entstanden ist. Kurz über dem Takling werden nur noch die ausgefransten Fäden abgeschnitten, und fertig ist der neue „Kopf" deiner Schot.

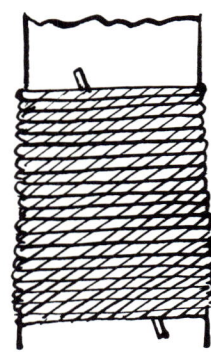

**Diese Fachworte
haben wir
heute gelernt:**

**Beschläge
Trimm
Bugspiegel
rank
krängen
driften
auspützen
Pütz
lenzen
Tampen
Takling
Takelgarn**

Vom Steg weg im Dreieck

Der Kurs für alle Manöver

Eigentlich seid ihr heute, am siebten Tag, schon richtige Segler. Ihr könnt mit halbem Wind, also mit dem Wind von der Seite, hin- und hersegeln, ihr könnt kreuzen, also gegen den Wind ansegeln, und ihr könnt vor dem Wind hersegeln. Die Wende kann jetzt jeder von euch, und die Halse kriegt ihr auch schon ganz gut hin. Aber so richtig sicher seid ihr bei keinem Manöver, oder? Darum wollen wir heute einen Kurs segeln, auf dem ihr alles, was ihr bisher gelernt habt, gebraucht. Wir segeln heute im Dreieck!

Nach dem Auslegen der Boje wollen wir aber nicht zum Steg zurücksegeln, sondern es soll gleich, nachdem ihr mit einer Wende rechts um die Boje herumgekurvt seid, ein Kurs mit halbem Wind folgen. Wie müßt ihr wohl steuern?

Richtig, parallel zum Ufer, so daß der Wind von Backbord genau von der Seite kommt. Auf diesem Kurs wollen wir etwa genau so weit segeln wie auf dem Kreuzkurs. Und dann wird die zweite Boje über Bord geworfen.

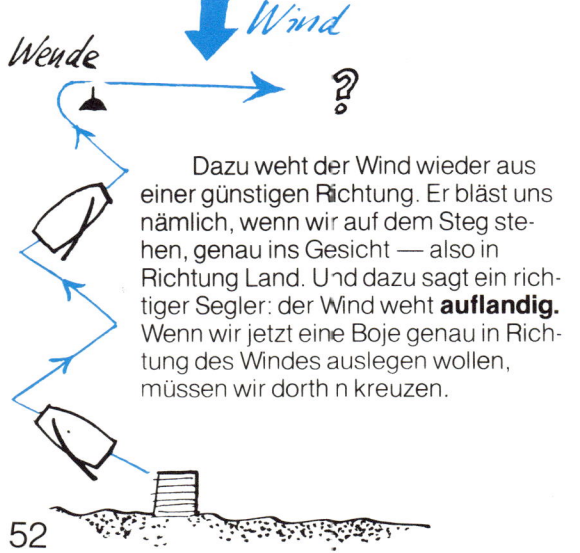

Dazu weht der Wind wieder aus einer günstigen Richtung. Er bläst uns nämlich, wenn wir auf dem Steg stehen, genau ins Gesicht — also in Richtung Land. Und dazu sagt ein richtiger Segler: der Wind weht **auflandig.** Wenn wir jetzt eine Boje genau in Richtung des Windes auslegen wollen, müssen wir dorthin kreuzen.

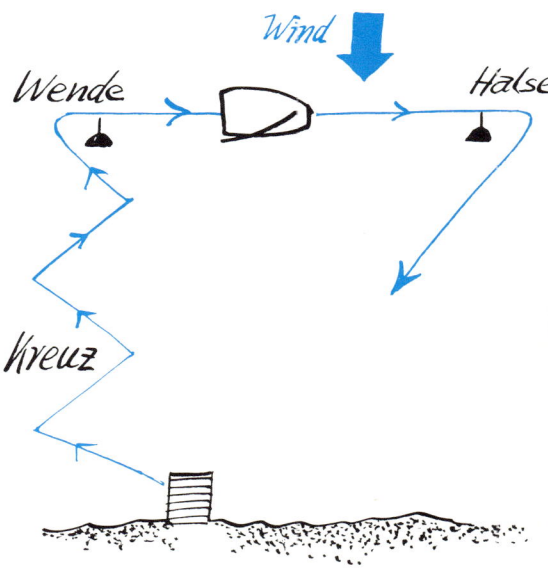

Um die geht es wieder rechtsherum, aber diesmal mit einer Halse. Also aufgepaßt! Und nun wird's leicht, denn das Ziel ist der Steg. Da muß das Segel gut aufgefiert werden, damit der Wind richtig schräg von achtern **einfallen** kann — und ab geht die Post.

Richtig vorm Wind segelt ihr ja nicht auf diesem Kurs, denn die Backstagsbrise kommt schräg von achtern, aber dafür könnt ihr auch keine unfreiwillige Halse fahren, die man aus Spaß **Patenthalse** nennt.

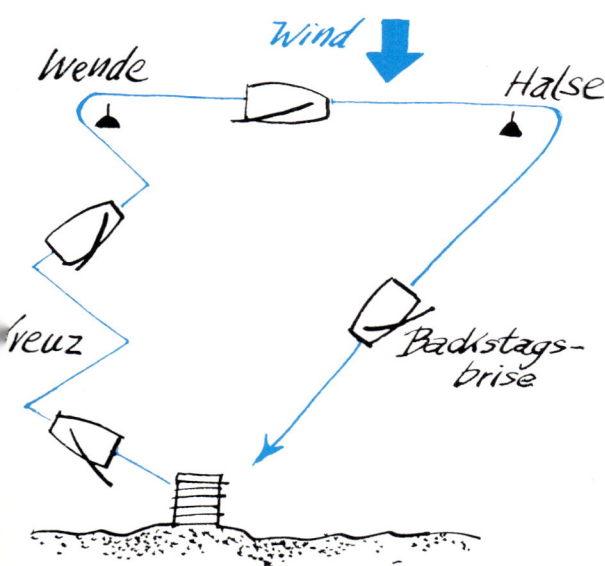

Wer kann am besten segeln? Gut! Du segelst voran und bringst die Bojen aus, wie wir es eben besprochen haben. Wenn du wieder zurück bist, starten wir auf Kommando alle gemeinsam vom Steg aus. Auf die Plätze, fertig los!

Wer kommt denn da nicht mit? Ja, du hast die Schot nicht genug dichtgeholt! Und da flattert ein Segel wie eine Fahne im Wind. Abfallen! Noch mehr! So, jetzt füllt sich das Segel wieder mit Wind, und der Opti nimmt Fahrt auf.

Wer das Dreieck am schnellsten durchsegelt hat und wieder am Steg ist, wird Sieger. Und dann starten wir gleich nochmal, und nochmal, und nochmal, bis alle Kurse und Manöver prima klappen.

Das ist langweilig? — Wartet nur ab, jetzt wird's spannend. Wir teilen die Opti-Gruppe. Die eine Hälfte der Boote segelt weiter so wie bisher, also rechts herum wie der Uhrzeiger läuft, und die andere Gruppe geht auf **Gegenkurs,** also links herum.

Warum? Na klar, damit ihr lernt, wer wem ausweichen muß. Denn irgendwo begegnen sich doch beide Gruppen. Und damit Ihr euch auf **allen** Kursen trefft, haltet ihr jetzt am Steg nicht mehr an, sondern segelt immer weiter.

Vom Steg
weg im Dreieck

Backbord-Schot
hat Wegerecht

Die nun linksherum segeln, haben's leicht, denn die brauchen nicht zick-zack zu fahren, sondern können die erste Tonne direkt ansegeln. Einen solchen Kurs nennt man einen **Anlieger-Kurs.** Das ist also ein Kurs, der ganz hoch am Wind ist, aber auf dem nicht gekreuzt werden muß. Das geht schneller, und daher haben eure Freunde bereits beide Bojen umsegelt, wenn sie auf die entgegenkommenden **(aufkreuzenden)** Freunde treffen. Sie fahren dann genau vor dem Wind, während die anderen kreuzenden Optis hoch am Wind segeln. Wer muß jetzt ausweichen?

Immer derjenige Opti, bei dem die Schot und das Segel auf der Backbordseite sind (Backbord-Schot), hat Wegerecht. Dazu zwei Beispiele:

1. Einer kommt vorm Wind von der Tonne und hat Schot und Segel an Backbord. Ein anderer kreuzt ihm mit Steuerbord-Schot entgegen. Vorfahrt?

Natürlich das vor dem Wind segelnde Boot (siehe Zeichnung A).

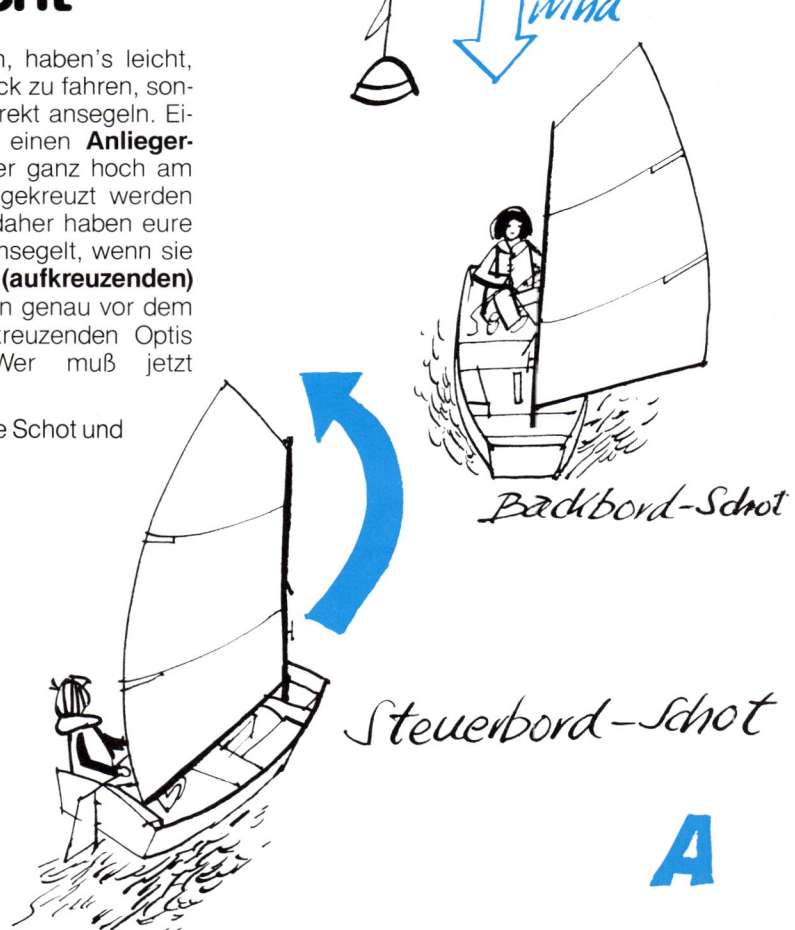

Wind

Backbord-Schot

Steuerbord-Schot

A

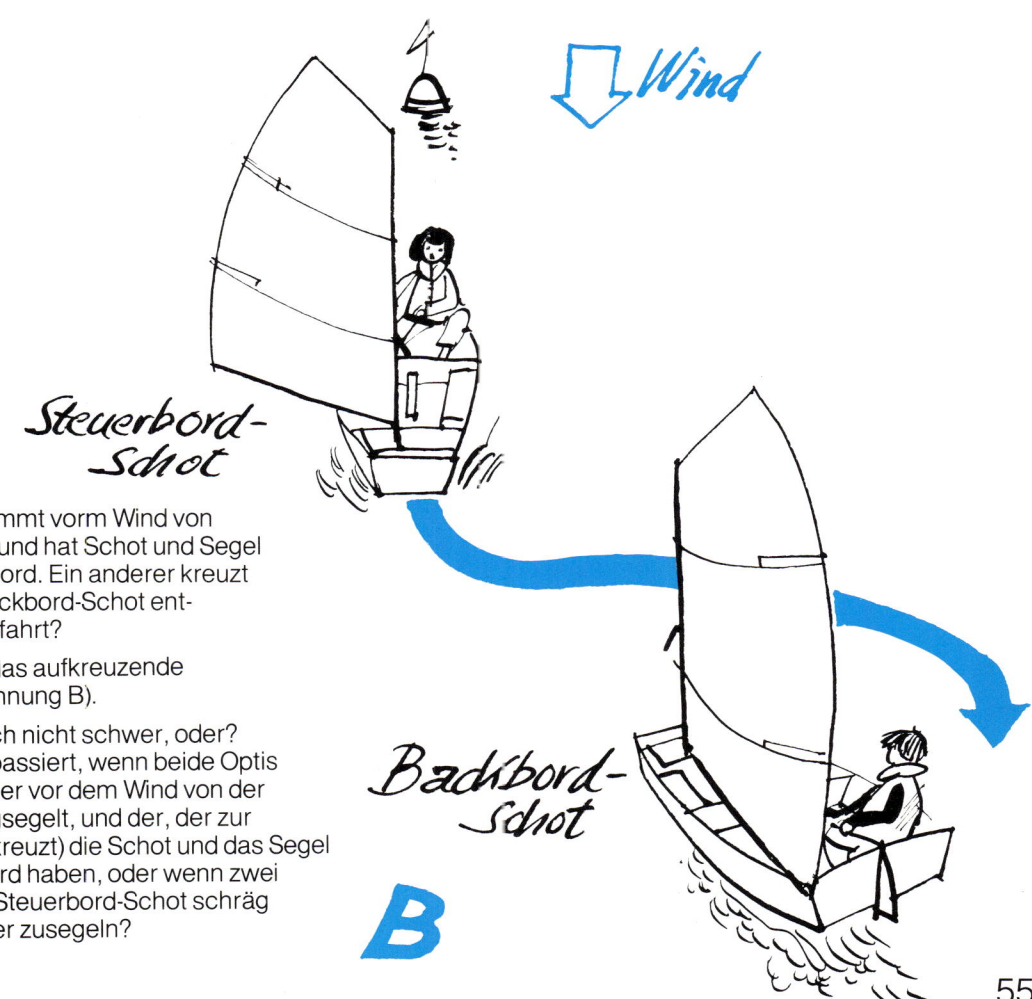

Wind

Steuerbord-
Schot

Backbord-
Schot

B

2. Einer kommt vorm Wind von der Tonne und hat Schot und Segel an Steuerbord. Ein anderer kreuzt ihm mit Backbord-Schot entgegen. Vorfahrt?

Natürlich das aufkreuzende Boot (Zeichnung B).

Das ist doch nicht schwer, oder? Aber was passiert, wenn beide Optis (also der, der vor dem Wind von der Tonne wegsegelt, und der, der zur Tonne hinkreuzt) die Schot und das Segel an Backbord haben, oder wenn zwei Boote mit Steuerbord-Schot schräg aufeinander zusegeln?

55

Vom Steg
weg im Dreieck

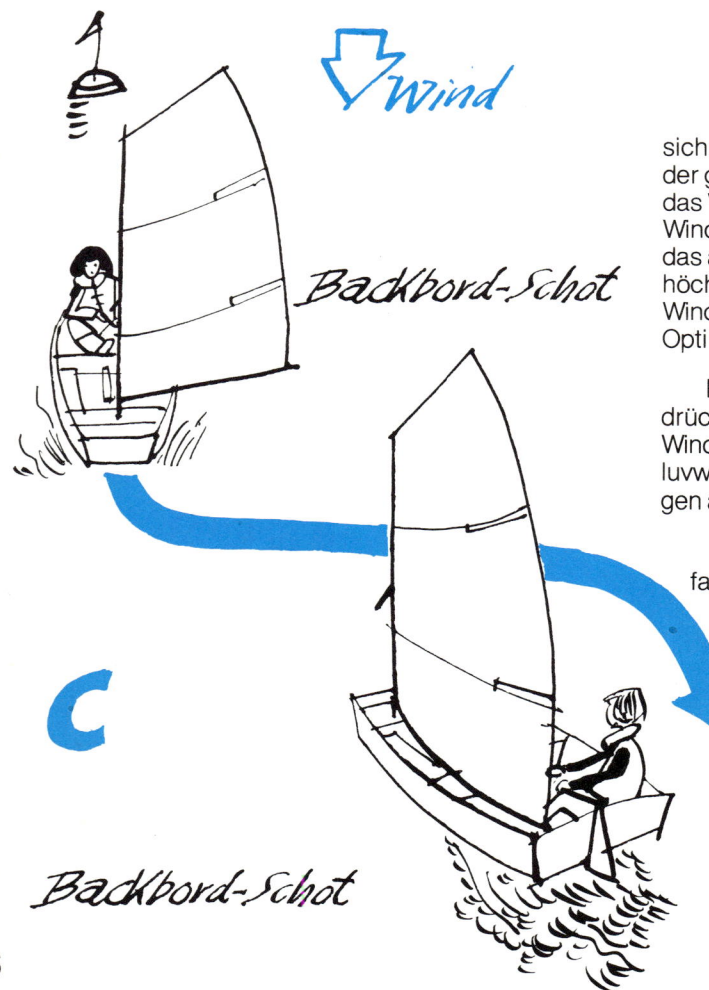

Wind

Backbord-Schot

C

Backbord-Schot

Auch das ist einfach: Wenn zwei sich begegnende Boote die Schot auf der gleichen Seite haben, hat immer das Vorfahrt, das am höchsten am Wind fährt. In unserem Fall ist also das aufkreuzende Boot ganz klar am höchsten am Wind, und der vor dem Wind mit Backbord-Schot segelnde Opti muß ausweichen. (Zeichnung C).

Man kann das auch anders ausdrücken. Haben zwei Segelboote den Wind von derselben Seite, muß das luvwärtige Fahrzeug dem leewärtigen ausweichen.

So heißt die offizielle Regel. Einfacher ist es aber, ihr achtet bei Booten mit gleichen Schoten nur darauf, wer höher am Wind segelt.

Eigentlich ist es doch ganz logisch und einfach, findet ihr nicht? Man muß eben immer gut aufpassen, auf welcher Seite das Segel steht, auch beim anderen, entgegenkommenden Boot. Und wenn ihr diese Vorfahrtsregeln begriffen habt, kann euch auch auf den anderen Kursen nichts mehr passieren.

Auf dem Halbwind-Kurs zwischen den beiden Tonnen kommen die einen mit Steuerbord-Schot und die anderen mit Backbord-Schot angesaust. Ganz klar: die mit Steuerbord-Schot müssen ausweichen (Zeichnung D).

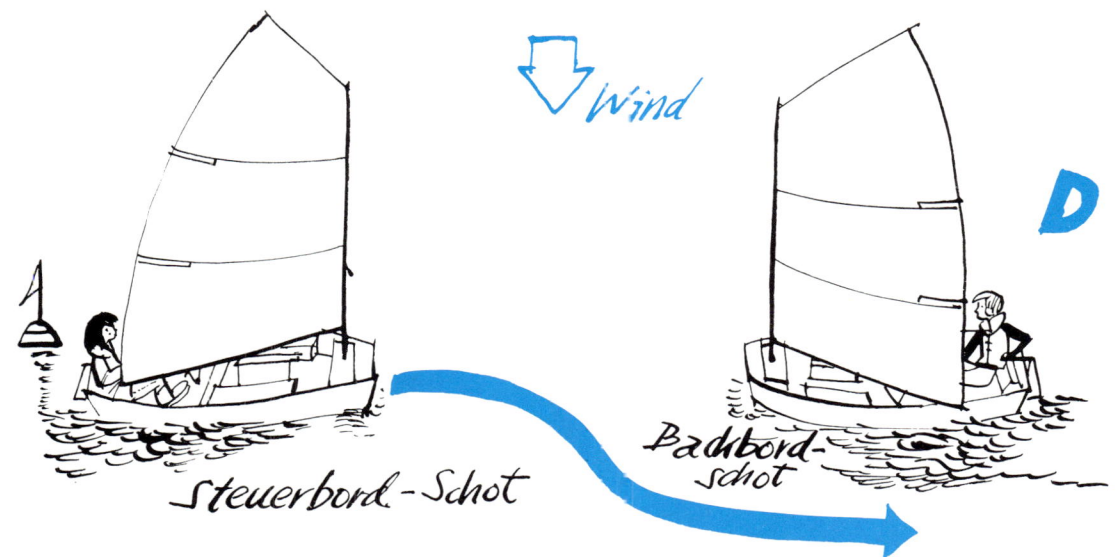

Wind

Steuerbord-Schot

Backbord-schot

D

Vom Steg weg im Dreieck

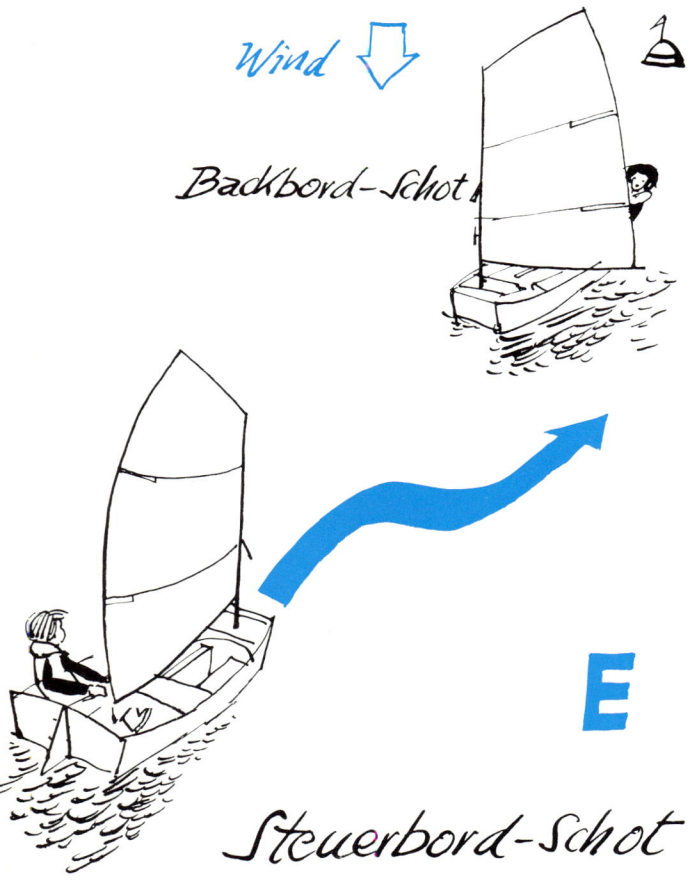

Wind ⇩

Backbord-Schot

E

Steuerbord-Schot

Schließlich könnt ihr euch auch noch auf dem Anlieger-Kurs beziehungsweise auf dem Backstag-Kurs begegnen. Die Optis, die von der Tonne zum Steg segeln, können Schot und Segel nur an Backbord haben. Die auf dem entgegengesetzten Anlieger-Kurs segeln mit Steuerbord-Schot, müssen also ausweichen (Zeichnung E).

So, das wäre geschafft. Es darf gemeckert werden, wenn euch beim nächsten Opti-Segeln jemand nicht ausweichen will!

Doch was ist das? Der Bursche spinnt wohl! Kommt mit seinem schnellen Motorboot genau auf euch zugesaust! Nur die Ruhe. Der muß den Optis und allen anderen Segelbooten ausweichen, solange ihr nicht ein **Fahrwasser** für Berufsschiffe kreuzt. Aber das werdet ihr bestimmt nicht tun, und Berufsschiffen geht man sowieso aus dem Weg, denn die können nicht so schnell manövrieren und sind gefährlich.

Wie wär's: nach dem Abtakeln noch ein paar Knoten gefällig? Tja, ihr müßt sie leider für cie Führerschein-Prüfung können. Also: Zum Abschluß lernen wir noch den **Slipstek.** Es ist ein wichtiger Knoten, denn man sollte ihn immer dann benutzen, wenn man die Leine, die irgendwo festgemacht oder **belegt** ist, schnell wieder loshaben will. Meistens wird er beim Belegen eines **Falls** (das zum Hochziehen der Segel bei größeren Segelbooten dient) auf der Klampe benutzt. Wir üben ihn am Paddelstiel:

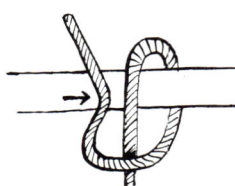

Die Leine wird einmal locker um den Stiel herumgelegt.

Dann macht man mit dem kurzen Ende eine enge Schlaufe und steckt sie durch den Rundtörn.

Jetzt wird der Rundtörn am langen Ende strammgezogen, so daß die Schleife festgeklemmt wird. Fertig.

Zieht man am kurzen Ende, so löst sich der Knoten sofort.

**Diese Fachworte
haben wir
heute gelernt:**

**Manöver
Kurs
Gegenkurs
auflandig
einfallen
Patenthalse
Anlieger
aufkreuzen
Fahrwasser
belegen
Fall
Slipstek**

Auffischen und Abschleppen

Bei viel Wind kann man viel lernen

Eigentlich sollte man heute gar nicht segeln. Die Wellen klatschen am Steg hoch und tragen weiße Schaumköpfe. Die Fahnen am Mast flattern, und Bäume und größere Zweige bewegen sich. Das ist — na, wißt ihr's noch? — Windstärke 4.

Aber ihr könnt jetzt doch schon gut segeln, da werdet ihr bestimmt mit solch einem Lüftchen fertig. Damit es nicht so schwer ist, bringen wir nur eine Boje aus, und zwar so, daß ihr mit halbem Wind zwischen Boje und Steg hin- und hersausen könnt. Das bringt Spaß — und dabei kann man noch eine Menge lernen. Ihr werdet es sehen!

Ab geht die Post — aufgepaßt, der Peter wäre fast gekentert.

Was hat er falsch gemacht? He Peter, du mußt dich immer nach Luv setzen, sonst krängt der Opti zu doll!

Wie bitte, das nützt nichts? Der Opti krängt trotzdem so doll, daß du Angst hast, das Wasser kommt herein? Dann setz dich mal oben auf die Kante. Aber halte Pinne und Schot gut fest! So, jetzt läßt sich der Opti prima aufrecht segeln, und es geht auch schneller. Ein richtiger Segler sagt dazu **ausreiten.** Na, der Opti benimmt sich ja heute fast wie ein wildes Pferd.

60

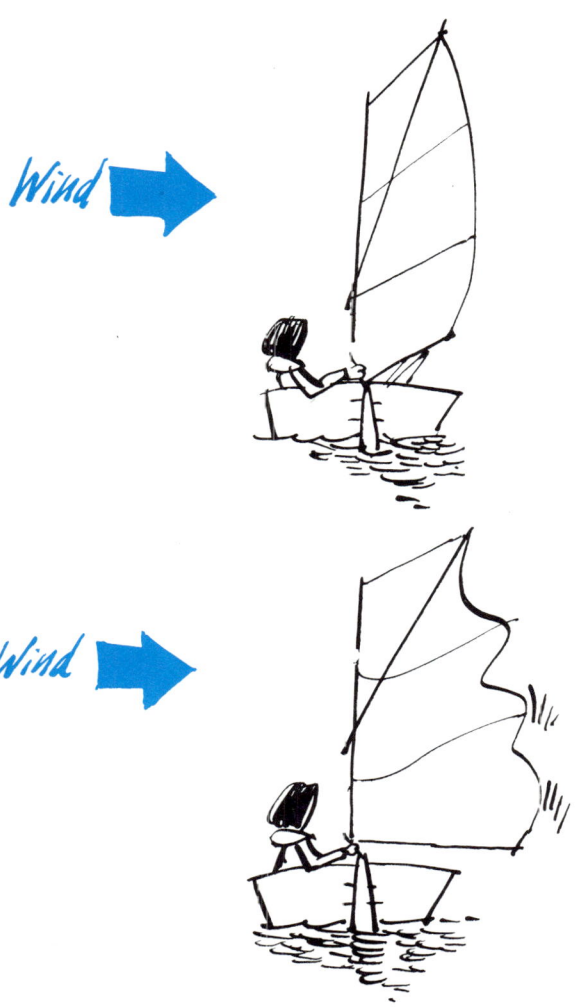

Wind

Wind

Jan hat Angst, daß sein Opti bei dem Wind zu schnell wird und sich nicht mehr beherrschen läßt. Was kann man dagegen tun? Ganz einfach: die Schot loslassen. Dann flattert das Segel, und der Wind kann nicht mehr hineindrücken.

Ja, aber wenn man vor dem Wind oder mit Backstagsbrise segelt, dann kann man doch das Segel gar nicht mehr ausfieren, weil auch die Schot schon ganz ausgefiert ist?

Stimmt! Aber man kann dann das Boot mit dem Bug in die Richtung steuern, aus der der Wind kommt. Also anluven. Wenn du dabei das Segel nicht wieder zu dir heranziehst, flattert es, und der Wind kann nicht mehr hineindrücken!

Wind

Auffischen und Abschleppen

Wenn Peter über Bord fällt

Ihr wißt doch, es ist sehr wichtig, wo man beim Opti sitzt, denn davon hängt es auch ab, ob ihr schnell oder langsam segelt. Wenn der Wind so stark wie heute weht und ihr vor ihm hersegelt, ist es ganz gut, wenn man sich weit nach hinten setzt, denn dann kann der Opti nicht so leicht kentern. Aber beim Kreuzen wird er viel schneller, wenn du dich soweit wie möglich zum Schwertkasten setzt. Außerdem kannst du dann besser steuern.

Beim Klabautermann! Da ist der Peter doch wahrhaftig gekentert! Und er hält sich nicht mal am Opti fest. Er schwimmt. Schnell, wer hilft ihm? Zum Glück trägt ihn sicher seine Schwimmweste.

Jan segelt zu ihm hin. Das ist prima. Er läßt das Segel flattern, sobald sich Peter an der **Bordwand** festhalten kann. Gut so!

Wind

8.Tag

Das ist wichtig: Beim Mann-über-Bord-Manöver mußt du so schnell wie möglich direkt zu dem Jungen oder zu dem Mädchen im Wasser segeln. Dabei ist es ganz gleich, woher der Wind kommt. Hauptsache, du bist schnell da. Mit größeren Segelbooten wird das Manöver ganz anders gefahren, aber im Opti geht es so am besten.

Sobald du da bist, läßt du Schot und Pinne los und packst Arme und Hände solange, bis sich der unfreiwillige Bademeister sicher an der Bordwand festhält. Die Fahrt wird dadurch vollständig gestoppt. Jetzt hangelt er sich im Wasser nach achtern zum Spiegel und versucht, in den Opti zu klettern. Dabei hilfst du ihm natürlich, denn das geht mit all dem nassen Zeug und der dicken Schwimmweste nicht so einfach.

Wind

Auffischen und Abschleppen

Wo man die Schlepp-leine festknotet

Das wäre geschafft. Eventuell muß jetzt der Opti, nachdem er von den anderen Seglern aufgerichtet wurde, zum Steg zurückgeschleppt werden, weil noch zuviel Wasser darin ist. Wie wird jetzt die Schleppleine festgeknotet? Das mußt du unbedingt wissen, denn viel eicht willst du dich selbst einmal abschleppen lassen — zum Beispiel

wenn du eine **Havarie** hast, also der Mast oder das Segel kaputt ist. Wo und wie würdest du die Schleppleine festknoten?

Richtig: Sie wird um den Mast geknotet. Und mit welchem Knoten wohl? Am einfachsten hierfür ist der Rundtörn mit zwei halben Schlägen, den wir am vierten Tag gelernt haben. Könnt ihr ihn noch? Die Leine wird zweimal um den Mast gewickelt. Dann werden zum Bug hin zwei halbe Schläge davor gemacht.

Paßt gut auf: beim Abschleppen niemals die Pinne loslassen, sonst schlägt der Opti quer und kentert!

Und weil wir gerade beim Knoten sind: Zum Abschluß des Tages, nach dem Segeln mit viel Wind, Mann-über-Bord- und Abschlepp-Manövern wollen wir zusammen den letzten Knoten, den ihr für die Führerscheinprüfung wissen müßt, üben. Er heißt **Stopperstek** und ist gut zu gebrauchen, wenn der Leiter von eurer Gruppe einen Opti mit seinem Motorboot abschleppt und ihr euch als zweites Boot an die Schleppleine dranhängen wollt. Dann muß eure Leine an die erste Schleppleine gebunden werden, und das geht so: Um die Zugleine wird ein Rundtörn gelegt, wobei das kurze Ende über das lange Ende hinweggeführt wird.

Jetzt wird das kurze Ende unter dem langen Ende hindurchgeholt und nach vorn, also zum schleppenden Motorboot hin, ein halber Schlag gesetzt. Das Ganze bekneift sich so doll, daß deine Schleppleine nicht nach hinten rutschen kann, wenn du dich dranhängst. Es hört sich schwierig an, ist aber ganz einfach. Versuch's doch mal!

**Diese Fachworte
haben wir
heute gelernt:**

**ausreiten
Mann-über-Bord-Manöver
Havarie
Stopperstek**

Ein bißchen Regattakunde

Von Zeichen und Zahlen

Weißt du eigentlich, wie das Zeichen aussieht, das in deinem Opti-Segel ist? Ja, es ist ein rundes O mit einem T-Strich darin. Man nennt es **Klassenzeichen,** denn jede Bootsklasse hat ein bestimmtes Symbol im Segel, zum Beispiel die Piraten-Jolle ein Piratenbeil, die Zugvogel-Jolle einen fliegenden Vogel oder die 420er-Jolle einfach die Zahl 420.

Optimist

Pirat

Aber dann ist da auch noch eine Zahl im Segel. Was bedeutet sie wohl? Es ist die **Segelnummer,** die dein Opti bekommen hat, nachdem er **vermessen** wurde. Du kannst dir denken, daß man Optis ein bißchen schnittiger oder auch ein bißchen größer bauen könnte, damit sie auf einer Regatta schneller sind. Damit das nicht passiert, gibt es strenge Vorschriften für die Abmessungen

Zugvogel

420 er

sowie für die Segelfläche, die bei solch einer **Vermessung** von einem Fachmann kontrolliert werden. Mit der Segelnummer ist der Opti bei der Klassenvereinigung und dem Deutschen Segler-Verband registriert. Auf einer Regatta weiß man dann genau, wem der Opti gehört.

Schließlich ist vor der Segelnummer noch ein großes G. Es ist der erste Buchstabe von GERMANY, und das heißt auf deutsch Deutschland. Man nennt diesen Buchstaben den **Nationalitäts-Buchstaben,** der für jedes Land anders ist. Daran erkennt man sofort, woher der Segler kommt.

G 15

Hat dein Opti diese Zeichen und eine Nummer im Segel? Fein, dann kannst du mit ihm auch richtige Regatten segeln. Bei uns in Deutschland teilt man die Opti-Segler nach ihrem Alter in zwei Gruppen ein — es wäre ja auch ungerecht, wenn die älteren, erfahrenen Kinder gegen echte Anfänger segeln würden. Darum starten alle Kinder bis 12 Jahre in der B-Gruppe und alle 13- bis 15-jährigen in der A-Gruppe.

66

Auf zum Start

Gestartet wird immer genau in die Richtung, woher der Wind weht. Die Regatta beginnt also mit einer Kreuz. Zum Start braucht man eine **Startlinie.** Meistens ist die Startlinie (die man natürlich nicht als Linie auf dem Wasser sehen kann) zwischen einem Motorboot als **Startschiff** und einer etwas entfernten Boje ausgelegt.

Damit jeder Segler weiß, wann's losgeht, wird vom Startschiff aus in die Luft geballert. Zum ersten Mal knallt es genau zehn Minuten vor dem Start (Zeitsignal) zum zweiten Mal fünf Minuten vor dem Start (Vorbereitungssignal). Gleichzeitig wird eine blaue Flagge mit einem weißen Rechteck darin hochgezogen.

Zum dritten Mal knallt's dann zum Start (Startsignal), und die Flagge wird wieder heruntergeholt.

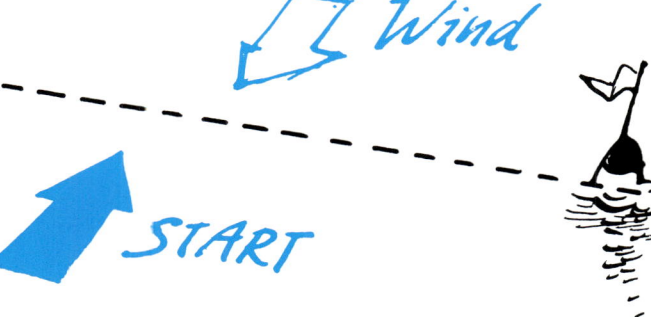

67

Ein bißchen Regattakunde

Nicht zu voreilig, bitte

Es ist klar, daß beim Start jeder zuerst über die Startlinie segeln will. Daher gibt's hier immer ein großes Gedränge. Am besten ist es, wenn du kurz vor dem Startschuß mit Backbord-Schot an der Linie entlang segelst, denn auch jetzt gilt die Regel: Backbord-Schot hat Vorfahrt.

Aber aufgepaßt, daß du nicht zu früh, also vor dem Startschuß, über die Linie segelst. Dann wirst du zurückgerufen und mußt nochmal starten.

Das geschieht mit einer weißen Flagge, die ein blaues Kreuz trägt (Flagge X), und mit einem langen Tut aus dem **Nebelhorn.**

Wenn alle Regattasegler oder eine sehr große Gruppe zu früh über die Linie gesegelt sind, werden sie auch alle zurückgerufen. Dann wird ein spitzer blauer Wimpel mit einem gelben Dreieck darin gesetzt (Erster Hilfsstander).

Wie weißt du aber, ob du um die Bojen links- oder rechtsherum segeln sollst? Ganz einfach: Wenn auf dem Startschiff eine rote Flagge gezeigt wird, heißt das: Alle Bojen müssen an Backbord bleiben, du mußt also linksherum segeln. Weht eine grüne Flagge, heißt das: Alle Bojen müssen an Steuerbord bleiben, du mußt rechtsherum segeln.

Nun heißen aber die Bojen in einer Regatta nicht Bojen, sondern **Bahnmarken.** Sie sind auch Bojen, oft aus Plastik, aber viel größer als eure Kanister-Bojen und leuchtend rot oder orange angemalt, damit man sie gut sieht. Obendrauf ist meistens auch eine Flagge befestigt.

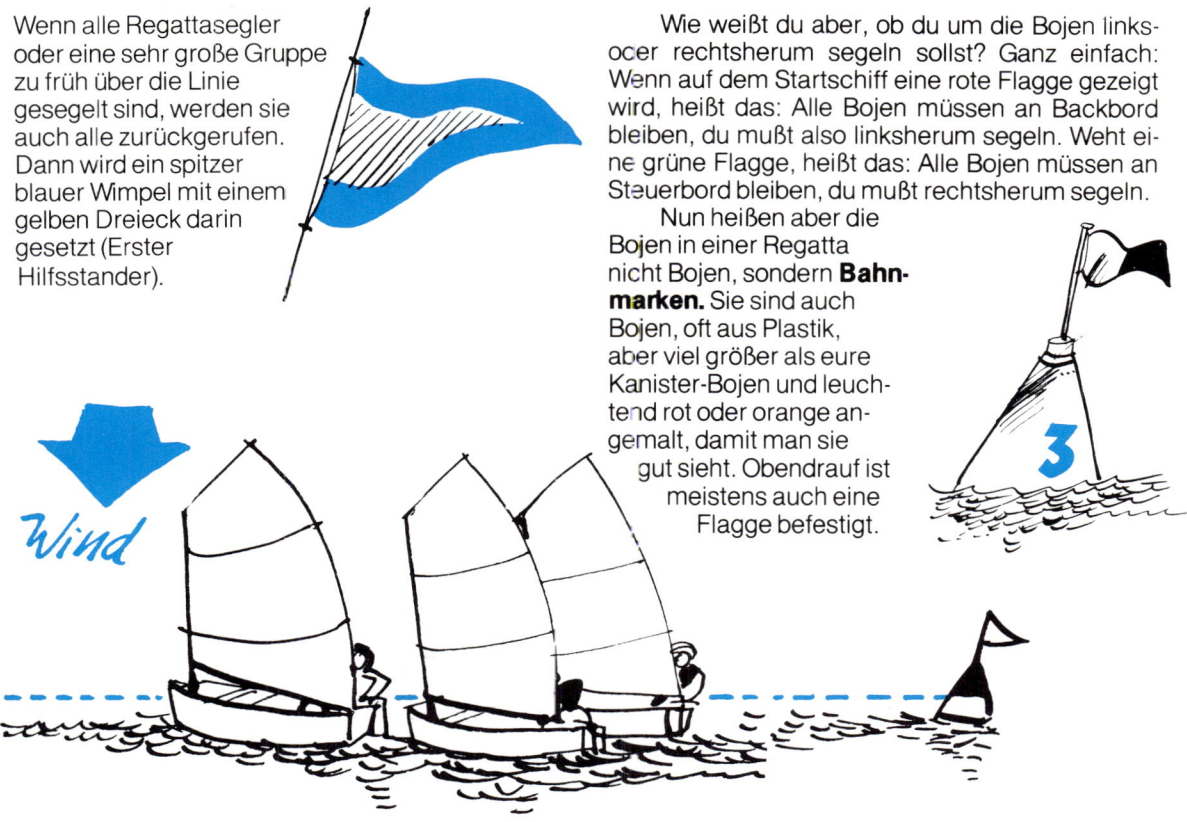

Wind

3

Ein bißchen Regattakunde

Das olympische Dreieck

Die Bahnmarken sind bei einer richtigen Regatta so ausgelegt, daß sie ein Dreieck ergeben. Nach dem Start geht es also zuerst mit einer Kreuz zur **Luvtonne,** dann mit Backstagsbrise zur **Raumtonne** und nach einer Halse wieder mit Backstagsbrise zur **Leetonne,** die in der Nähe der Startlinie ausliegt. Jetzt kommt wieder die Kreuz zur Luvtonne, aber danach geht's vor dem Wind zurück zur Leetonne. Besonders aufpassen mußt du auf der nun folgenden **Zielkreuz,** denn hier entscheidet es sich meistens, wer vorn liegt. Bei der Luvtonne ist also die **Ziellinie,** die durch das **Ziel-**

schiff und eine Boje gekennzeichnet wird. So ein Dreieck nennt man ein olympisches Dreieck. Es gibt aber auch andere Möglichkeiten.

Wenn du über diese Linie segelst, wird auf dem Startschiff kräftig getutet und deine Segelnummer aufgeschrieben. Dadurch weiß man, in welcher Reihenfolge die Opti-Segler im Ziel waren. Und wenn du einen der vorderen Plätze erreicht hast, darfst du dich freuen: es gibt einen schönen Preis!

So, eigentlich könnte die erste Regatta schon starten, aber ihr müßt noch eine wichtige Vorfahrtregel lernen.

Was passiert, wenn zwei Optis gleichzeitig um eine Bahnmarke segeln wollen? Wer hat Vorfahrt? Nun, wenn der eine mit Steuerbord-Schot ankommt und der andere mit Backbord-Schot, ist die Sache einfach: Der mit Backbord-Schot hat auch beim Ansteuern der Bahnmarke Vorfahrt.

Aber was ist, wenn beide mit gleichen Schoten, also etwa Backbord-Schoten, dicht nebeneinander angesegelt kommen? Dann muß immer das außen segelnde Boot dem inneren, also näher zur Tonne liegenden Boot Raum geben — vorausgesetzt, die beiden segelten schon in einer Entfernung vor der Tonne, die zweimal so lang wie dein Opti ist, nebeneinander her. Dann ist, wie es fachmännisch heißt, eine **Überlappung** gegeben.

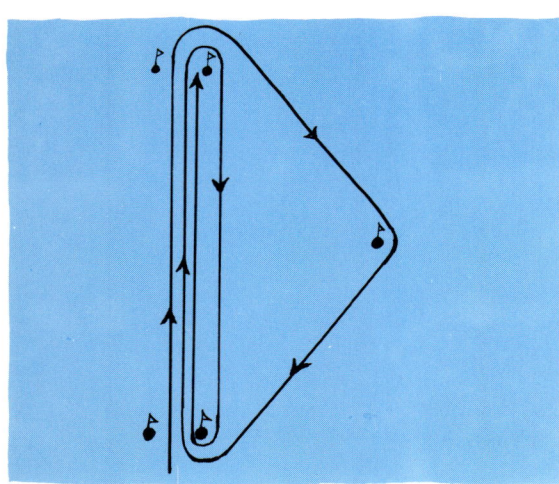

Auf die Überlappung kommt es an

Wenn du von deinem Opti aus gerade noch vor dem Bug des anderen vorbeisehen kannst, ist noch keine Überlappung vorhanden, und du brauchst deinem Konkurrenten an der Tonne auch keinen Platz zu machen. Wenn du aber Bug und Mast von deinem Nachbarboot schon querab sehen kannst, ist eine Überlappung da, und du mußt Raum geben.

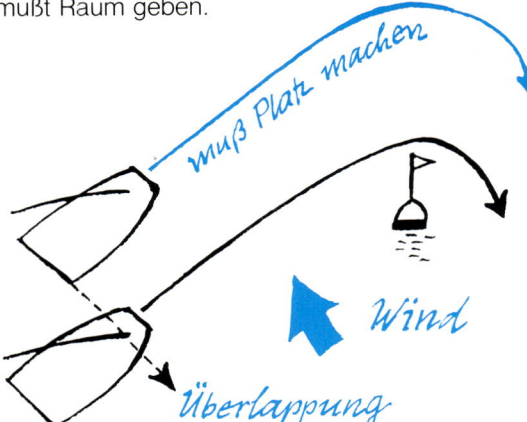

muß Platz machen

Wind

Überlappung

Ein bißchen viel für einen Segelnachmittag, meint ihr? Das stimmt wohl! Aber ihr braucht heute auch nicht gleich alles zu behalten. Von jetzt ab üben wir das Regattasegeln noch sehr oft, und da lernt man die Regeln ganz von selbst. Am besten, wir fangen gleich damit an!

Diese Fachworte haben wir heute gelernt:

**Klassenzeichen
Segelnummer
vermessen
Vermessung
Nationalitäts-Buchstabe
starten
Startlinie
Startschiff
Nebelhorn
Bahnmarke
Luvtonne
Raumtonne
Leetonne
Zielkreuz
Ziellinie
Zielschiff
Überlappung**

Bootspflege gehört auch zum Segeln

Wie die Kratzer verschwinden

Schade, daß auch der schönste Opti-Kursus einmal zu Ende geht. In neun Tagen habt ihr schon sehr gut segeln gelernt, und wenn ihr zur Segelscheinprüfung noch tüchtig segelt und übt, werdet ihr die Prüfung ganz lässig schaffen. Und den Segelschein wollt ihr doch alle haben, oder?

Bevor ihr nun eure Optis verlaßt und in die Bootshalle oder Garage bringt, müssen sie noch saubergemacht und gepflegt werden. Wer einen Opti aus Kunststoff hat, darf sich freuen: die Arbeit ist schnell getan. Am besten eignet sich zum Saubermachen flüssige grüne Seife, die eure Mutter euch besorgt. Damit wird das Boot innen und außen tüchtig abgeschrubbt.

Kratzer auf der Außenhaut bekommt man mit Bootspolitur, die es beim Schiffsausrüster zu kaufen gibt, wieder weg. Wer seinen Opti schön glänzend haben will, kann nach dem Segelkursus auch das ganze Boot von außen damit polieren. Zuerst wird mit einem Tuch eingewachst und nach dem Trocknen mit einem weichen Lappen oder mit Watte nachpoliert. Hartnäckige Öl- oder Teerflecke beziehungsweise -schrammen lassen sich leicht mit Petroleum abreiben.

Natürlich sollten die hölzernen Optis auch so gründlich geschrubbt werden, vor allem, bevor sie ins Winterlager kommen. Dann werden alle Teile, wie Schoten, Blöcke und so weiter, abgebaut. Auch das Segel wird vom Mast gebunden und ordentlich zusammengelegt, nachdem die Segellatten herausgezogen worden sind.

Richtig lagern im Winter

Wer seinen Opti in eine Winterlagerhalle oder Garage bringen kann, hat es gut. Dort kann das Boot ohne Abdeckung den Winter über liegen bleiben. Draußen im Freien aber müßt ihr es gut schützen, denn sonst nagen Regen, Schnee und Frost am Rumpf.

Der Opti wird umgedreht auf Klötze oder Böcke gelegt. Je höher, desto besser. Gegen Regen und Schnee schützt wirksam eine Persenning. Sie darf aber nicht direkt auf dem Boot aufliegen, sonst schimmelt es darunter, und bei Sturm scheuert der Stoff am Lack oder Kunststoff. Darum bauen wir aus alten Latten und Brettern ein kleines Gestell, das ein spitzes Dach bekommt. Darüber wird dann die Persenning fest gespannt.

Wer nun ein naturlackiertes Holzboot hat, muß im Frühjahr etwas mehr tun. Der Lack wird gründlich mit feinem Sandpapier abgeschliffen. Vielleicht hilft euch Vater mit seiner elektrischen Schleifmaschine, damit geht's viel schneller. Ganz besonders schön wird die neue Lackierung, wenn man mit feinem Naßschliff-Papier, das immer gut angefeuchtet sein muß, schleift. Meistens reicht schon eine Lackierung mit gutem Bootslack. Eventuell muß ein zweiter Anstrich folgen.

Wenn das Holz schon zuviele dunkle Flecken und Kratzer hat, sollte es besser bunt angestrichen werden. Bunte Optis sehen sehr lustig aus! Den richtigen Spachtel sowie die Vorstreich- und Lackfarbe empfiehlt euch eure Farbenhandlung. Noch ein Tip: Kauft stets neue und etwas breitere Pinsel. Damit gelingt die Lackierung besser. Und streicht vor allem nicht zu dick, sonst gibt's Tropfnasen!

Ein bißchen Mühe machen diese Überholungsarbeiten schon, aber sie haben auch etwas Gutes: Man darf sich dabei auf das kommende Frühjahr freuen, wenn die blitzblanken Optis wieder hinausgelassen werden auf das funkelnde Wasser und die nächste Segelsaison beginnt.

Hier sind einige Fragen, auf die du bei der schriftlichen Segelscheinprüfung eine Antwort wissen solltest

Frage 1: **Wieviel Quadratmeter Segelfläche hat der Optimist?**

Frage 2: **Was gehört zum Auftakeln eines Optis?**

Frage 3: **Wozu dient das Schwert?**

Frage 4: **Wohin zeigt die Pinne beim Anluven?**

Frage 5: **Du segelst mit Steuerbord-Schot und dir kommt ein Boot mit Backbord-Schot entgegen. Wer muß ausweichen?**

Frage 6: **Zwei Boote segeln mit gleichen Schoten aufeinander zu. Wer ist kurshaltepflichtig?**

Frage 7: **Durch welchen Ruf machst du einen Ausweichpflichtigen auf deine Vorfahrt aufmerksam?**

Frage 8: **Was ist der Unterschied zwischen wenden und halsen?**

Frage 9: **Welche Kursbezeichnungen zur Windrichtung kennst du?**

Frage 10: **Darfst du ohne Aufsicht segeln?**

Frage 11: Welche Knoten kennst du?

Frage 12: Wo ist Backbord und wo ist Steuerbord?

Frage 13: Was ist kreuzen?

Frage 14: Was ist Luv?

Frage 15: Was ist Lee?

Frage 16: Auf welchem Gewässer darfst du mit dem Jüngstensegelschein segeln?

Frage 17: Welche Sicherheitsvorkehrung mußt du vor jedem Segeltörn beachten?

Frage 18: Zeichne das Klassenzeichen des Optimisten.

Frage 19: Welche Bedeutung hat der Buchstabe im Segel?

Frage 20: Wann erhält dein Opti eine Segelnummer?

Frage 21: Wie ist der Optimist getakelt?

Frage 22: Wozu dient der Achtknoten?

Frage 23: Wohin zeigt die Pinne beim Abfallen?

Frage 24: Wozu dient der Kreuzknoten?

Frage 25: Wie heißt die wichtigste Regel beim Kentern?

Frage 26: Nenne möglichst noch vier weitere Regeln, die du beim Kentern beachten mußt.

Frage 27: Wofür kann man den Rundtörn mit zwei halben Schlägen gut gebrauchen?

Frage 28: Wieviel Quadratmeter Segelfläche darf das Boot haben, das du mit dem Jüngstensegelschein segeln darfst?

Frage 29: Was mußt du machen, kurz bevor du mit dem Opti am Steg anlegst?

Frage 30: Worauf mußt du beim Halsen besonders achten?

Auszug aus der Jüngstensegel-schein-Vorschrift und den Durchführungsvorschriften des Deutschen Segler-Verbandes vom 24. März 1973 in der Fassung vom 24. Oktober 1976

Der Deutsche Segler-Verband erteilt durch seine Verbandsvereine Jüngstensegelscheine, die als Befähigungsnachweis zur Führung von Jollen bis 10 m² Segelfläche dienen. Der Jüngstensegelschein wird mit Vollendung des vierzehnten Lebensjahres ungültig. Eine Umschreibung in einen DSV-Führerschein ist nicht möglich.

Geltungsbereich

Der Jüngstensegelschein gilt örtlich in dem Gebiet, das der betreffende Verbandsverein als sein Jüngstensegelrevier bezeichnet, wobei bezüglich der Auswahl des Reviers dafür gesorgt werden muß, daß dieses von der geographischen Lage und der Art des übrigen Schiffsverkehrs her für das Jüngstensegeln geeignet ist.

Die Jüngstensegelscheine gelten nur während der Jüngstensegelzeiten, die der betreffende Verbandsverein für seine Jüngsten ausgewählt hat, wobei bezüglich der Auswahl der Segelzeiten dafür gesorgt werden muß, daß die erforderliche Aufsicht durch vom Verein bestimmte Personen sichergestellt ist, ferner zur Teilnahme an Jüngstenregatten.

Der Jüngstensegelschein kann auf die Jüngstensegelreviere anderer Verbandsvereine durch eine entsprechende Eintragung im Jüngstensegelschein erweitert werden. Zuständig für diese Erweiterung des örtlichen Geltungsbereiches ist der Verbandsverein, der in dem betreffenden Gebiet das Jüngstensegeln betreibt.

Zulassung zur Prüfung

Für die Erteilung eines Jüngstensegelscheines müssen folgende Zulassungsvoraussetzungen erfüllt sein:

A. Mindestalter: Zur Erlangung des Jüngstensegelscheins muß das siebente Lebensjahr vollendet sein.

B. Zustimmung der gesetzlichen Vertreter.

C. Freischwimmerzeugnis (15 Minuten Dauerschwimmen in schwimmtiefem Wasser).

Soweit Sportgesundheitspässe auf Grund landesrechtlicher Bestimmungen erteilt werden, kann die Zulassung von der Vorlage eines Sportgesundheitspasses abhängig gemacht werden.

Durchführung der theoretischen und praktischen Prüfung

Es wird eine theoretische und eine praktische Prüfung abgenommen. Die theoretische Prüfung ist eine mündliche, die praktische Prüfung ist auf einer geeigneten Jolle bei mindestens drei Windstärken im Jüngstensegelrevier abzuhalten. Die Reihenfolge der Teilprüfungen ist beliebig, jedoch soll die gesamte Prüfung innerhalb von zwei Monaten abgeschlossen sein.

Prüfungsfächer

Seemännische Arbeiten:
Behandlung der Segel, Knoten (Achtknoten, Kreuzknoten, Rundtörn mit zwei halben Schlägen, einfacher und doppelter Schotstek, Slipstek, einfacher Palstek, Stopperstek), einfacher Takling, Pflege einer Jolle im Sommer und im Winterlager.

Yachtbedienung und Yachtführung:
Die wichtigsten Segelkommandos, Segelklarmachen, Segelsetzen, Segelbergen, An- und Ablegen vom Bollwerk beziehungsweise Steg, an die Boje gehen beziehungsweise von der Boje gehen, Verhalten beim Schleppen und beim Ankern, Verhalten beim Kentern, „Boje über Bord"-Manöver, Sicherheitseinrichtungen auf Jollen, Abfallen und Anluven, Wenden und Halsen.

Gesetzeskunde:
Kenntnis der Verkehrsvorschriften der heimischen Segelgewässer. Grundkenntnisse der Wettsegelbestimmungen beziehungsweise das Verhalten gegenüber Fahrzeugen in einer Regatta. Kenntnis der vom Verein festgelegten Segelordnung.

Grundkenntnisse der Yachtgebräuche:
Sportgemäße Segelbekleidung.

Erteilung von Jüngstensegelscheinen

Zur Erteilung der Jüngstensegelscheine dürfen nur die verbandseinheitlichen Jüngstensegelscheinvordrucke verwendet werden. Die Vordrucke können bei der Geschäftsstelle des Deutschen Segler-Verbandes angefordert werden. Zuständig für die Erteilung des Jüngstensegelscheins ist der Verbandsverein, vor dessen Prüfungskommission der Jüngstensegelscheinbewerber die Prüfung erfolgreich abgelegt hat. Diese Zuständigkeit besteht auch für Mitglieder anderer Verbandsvereine und für Bewerber, die keinem Verbandsverein angehören.

Weitere Auskünfte sowie die vollständigen Jüngstensegelschein-Vorschriften beziehungsweise Durchführungsvorschriften zum Jüngstensegelschein sind beim Deutschen Segler-Verband, Adolphstraße 56, 2000 Hamburg 76, Telefon (040) 220 18 16 erhältlich.

DEUTSCHER SEGLER-VERBAND

Fachverband für den Segelsport

Mitglied des Deutschen Sportbundes

Landesvertretung in der International Yacht Racing Union

JÜNGSTENSEGELSCHEIN

Jüngstensegelschein № 5 0 2 9

Name: _____

geboren am: _____ in: _____

wohnhaft in: _____

Mitglied im: _____

Der Inhaber ist berechtigt zur Führung von Jollen bis zu
10 qm Segelfläche nach der Jüngstensegelschein-Vorschrift und
den Durchführungsvorschriften des Deutschen Segler-Verbandes
(DSV). Dieser Jüngstensegelschein verliert seine Gültigkeit mit
Vollendung des 14. Lebensjahres des Inhabers.

Zusätzliche Vermerke:

Der Inhaber hat die Prüfung   Der Jüngstensegelschein wird
vor dem Prüfungsausschuß des   hiermit erteilt.

_____   Deutscher Segler-Verband

abgelegt.   _____ , den _____

_____ , den _____

_____   _____
(Obmann des Prüfungsausschusses   (Unterschrift und Stempel)
Unterschrift und Stempel)

79